KB056442

나폴레온 힐,
부를 이끄는 생각의 그릇

나폴레온 힐,
부를 이끄는
생각의 그릇

나폴레온 힐 · 돈 그린 지음

이상미 옮김

NAPOLEON HILL'S YOUR MILLIONAIRE MINDSET

A PRACTICAL GUIDE TO
INCREASE YOUR PERSONAL WEALTH

아이콤마

옮긴이 이상미

이화여자대학교에서 식품영양학과 심리학을 공부했고, 경영학으로 석사 학위를 받았다. CJ인재원에서 임직원의 리더십 개발 교육 및 역량 교육을 담당했고, 이후 대외경제정책연구원에서 10년 이상 근무하며 국제개발협력, 공적개발원조, G20에 관해 연구했다. 현재 바른번역 소속 전문 번역가로 활동 중이다. 주요 번역서로는《부는 어디서 오는가》,《1%의 생각법》,《표류하는 세계》등이 있다.

나폴레온 힐,
부를 이끄는 생각의 그릇

1판 1쇄 발행 2024년 8월 30일

지은이 | 나폴레온 힐, 돈 그린   옮긴이 | 이상미
펴낸이 | 이동국   편집 | 박찬송   디자인 | 기민주
펴낸곳 | (주)아이콤마

출판등록 | 2020년 6월 2일 제2020-000104호
주소 | 서울특별시 서초구 사평대로 140, 비1 102호(반포동, 코웰빌딩)
이메일 | i-comma@naver.com
블로그 | https://blog.naver.com/i-comma

ISBN 979-11-93396-04-9 03320

당신을 백만장자로 만들어 주는 안내서

사람만이 생각을 물리적 현실로 바꾸는 힘을 가지고 있다.

오직 사람만이 꿈을 꾸며 그 꿈을 이룰 수 있다.

— 나폴레온 힐, 『성공의 법칙』

  백만장자는 우연히 만들어지지 않는다. 세계적으로 유명한 부자들 대다수는 치밀한 계획과 결단력 있는 행동으로 부를 축적할 수 있었다. 금융계의 엘리트나 가능할 법한 계획을 실행할 능력이 당신에게 없다고 낙담하지 말라. 부자가 되기 위한 기본 원칙은 아주 간단하다. 전 세계적인 베스트셀러 『생각하라 그리고 부자가 되어라』의 저자인 나폴레온 힐은 이렇게 말했다. "돈을 벌고 저축하는 것은 과학이지만, 돈을 모으는 법칙은 너무나 간단해서 누구든지 따라 할 수 있다. 중요한 전제 조건은 원하는 미래로 나아가기 위해 당장의 고난을 감당할 의지가 있어야 한다는 것이다." 부자가 되기 위한 행동을 바로 지금부터 시작한다면 당신도 미래에 엄청난 부를 누릴 수 있다.

부자가 되기 위한 법칙은 누구나 배울 수 있지만 그 법칙을 실천하는 사람은 드물다. 우선 부를 얻기 위해선 부자가 되고자 하는 열망, 믿음, 자제력이 필요하다. 그리고 두려움과 유혹이 집중력을 흩트리고 노력하는 것을 방해할 때도, 계속해서 좋은 선택을 해나가겠다는 굳은 결심이 필요하다. 미국의 정치인이자 연설가로 유명한 윌리엄 제닝스 브라이언William Jennings Bryan은 "운명은 우연이 아닌 선택의 문제다. 가만히 기다리는 것이 아니라 성취하는 것이다"라고 말했다. 즉, 이 책을 읽는 것은 미래의 재정을 통제하고 삶의 모든 영역에서 더 많은 성공과 즐거움을 끌어당기기 위한 첫 단계가 될 수 있다. 재정적인 안정은 정신적, 정서적 자유의 궁극적 지향점인 마음의 평화를 누리기 위한 필수 조건이다.

물질적 부유함은 성공을 판단하는 유일한 척도가 아니며 최고의 척도도 아니다. 힐은 "내 책의 독자들이 '성공이란 건 돈으로만 측정할 수 있구나…'라는 인상을 받았다면 매우 실망스러울 것이다"라고 말했다. 이어서 그는 "하지만 돈은 성공을 이루는 중요한 요소이며, 생활에 유용하고, 사람들에게 행복을 주며, 풍요롭게 살도록 돕는다는 철학적 측면에서 그 가치를 적절히 인정받아야 마땅하다"라고 덧붙여 말했다. 이러한 이유로, 이 책은 당신이 부를 쌓고 인생에서 가장 중요한 열망을 이룰 수 있도록, 생각과 행동을 변화시키는 데 꼭 필요한 원칙들을 알려준다. 부자가 되는 게 인생에서 가장 중요한 목표는 아닐 수 있지만, 재정적인 안정이 뒷받침되지 않으면 삶에서 다양한 기회를 누릴 수 없고 개인적인 성장과 직업적 성공에 필요한 자질을 기르는 일도 거의 불가능하다.

나는 금융업계에서 오랜 기간 성공적인 경력을 쌓은 후, 나폴레온 힐 재단의 임원이자 CEO로 재직하면서 경제적 안정을 위해 노력하는 사람들을 수없이 많이 관찰해 왔다. 나는 이 책에서 왜 어떤 사람들은 성공하고, 어떤 사람들은 실패하는지 그 이유를 설명하고자 한다. 부와 큰 그릇이라는 건전한 유산을 쌓은 사람들은 바로 이 책에 나온 원칙에 따라 살아온 사람들이다.

마지막으로 바이런의 서사시 『돈 후안』의 한 구절을 공유하고 싶다.

하지만 말은 실체로, 작은 잉크 한 방울이

하나의 생각 위로 이슬처럼 떨어져

수천, 아마도 수백만 명을 사색으로 이끈다.

이 책을 통해 재정을 관리하는 법, 돈이 당신과 당신이 속한 공동체의 이익을 위해 일하게 만드는 법을 배울 수 있을 것이다. 당신 자신과 가족들의 삶, 당신의 일을 더 나은 방향으로 발전시킬 열망을 키우는 말들을 이 책에서 찾아낼 수 있기를 바란다.

* 이 책에 나오는 정보는 오로지 정보 제공을 목적으로 하며, '현재 상황'을 기준으로 한다. 정보 활용에 대한 모든 책임은 사용자 본인에게 있다. 이 책에서 제공하는 정보에는 특정한 의도가 없으므로 투자 조언으로 해석하거나 투자 목적으로 사용해서는 안 된다. 이 책은 세금, 투자, 금융 서비스에 대한 조언을 제공하기 위해 쓴 것이 아니다. 특정 금융 관련 질문에 대해 전문가의 조언을 구하는 것을 포함해서, 개인 용도로 활용하기에 적합한 정보인지 확인할 책임은 전적으로 독자에게 있다. 또한 이 책에 있는 자료들은 일반적인 정보만을 제공하기 때문에 특정 문제에 대한 조언은 제공하지 않는다. 따라서 이 책에서 제공하는 정보는 모든 투자자에게 적합한 것은 아닐수도 있다. 특정 투자자의 투자 목표, 위험 허용 범위 또는 재무 상황을 고려하지 않은 정보이기 때문이다. 즉, 투자 결정에 대한 모든 책임은 전적으로 독자 자신에게 있다. 이 책에서 제시하는 정보에 따라 투자할 계획이라면, 사전에 전문가의 조언을 구할 것을 권한다.

✦ 차례 ✦

YOUR MILLIONAIRE
M I N D S E T

1

열망

❋

**부자가 되기 위한 출발점은
간절한 열망이다**

◆ ◆ ◆

열망은 모든 성취의 씨앗이며, 출발점이다.

그 이면에는 아무것도 없거나

적어도 우리가 알만한 것은 없다.

— 나폴레온 힐,『성공의 법칙』

◆ ◆ ◆

많은 사람이 부자가 되기를 원하지만, 대다수가 여전히 빚에 허덕이거나 월급으로 생계를 유지하고 있다. 돈을 열망하는 것 자체는 그다지 놀랍지 않다. 문제는 100명 중 98명 정도가 모호한 열망에 사로잡혀 있다는 것이다. 소망이나 희망 사항처럼 추상적이며 방향성이 없다. 그러나 단지 부를 바라는 것만으로는 부자가 될 수 없다. 성공에 이르는 길은 '확고한 열망'에서부터 시작한다.

불만족을 발판 삼아 열망에 기름을 부어라

가난을 극복하고 빚에서 완전히 벗어나 부를 쌓는 첫 번째 단계는, 불만족스러운 상황에서 벗어나기 위해 기꺼이 변화하겠다는 강렬한 열망을 품는 것이다. 지금의 삶에 감사하는 마음을 갖지 말라는 뜻이 아니다. 현 상태에 대한 불만이 행동에 동기를 부여하는 강력한 도구가 될 수 있다는 의미다. 기존의 생활 방식에서 생겨난 불만이 변화에 뒤따르는 불편함보다 더 클 때 비로소 목표를 향해 나아갈 수 있다.

시골에 있는 이웃을 방문한 한 신사의 이야기가 떠오른다. 신사는 이웃 사람과 현관에 앉아 이야기를 나누던 중에 옆집 사냥개가 고통스러운 듯 낑낑거리는 소리를 들었다.

"개가 어디 아픈가 봐요?" 신사가 이웃집 남자에게 물었다.

"아, 못이 박힌 판자 위에 누워 있는데 그 못이 계속 거슬리나 봅니다."

"음, 근데 왜 다른 곳으로 가지 않을까요?"

"글쎄요. 말하자면," 이웃집 남자가 대답했다. "못에 찔리는 데 익숙해져서 그렇게까지 아프지는 않은가 본데요."

목표를 향해 전진하는 것보다 변명하고 불평하는 게 더 쉬우므로, 노력하지 않는 자신의 모습을 쉽게 발견할 수 있을 것이다. 그러나 성공하기 위해서는 해로운 습관을 버리고 부를 쌓게 해주는 새로운 습관을 만들기 위한 강한 열망이 필

부를 이끄는 생각의 그릇

요하다. 나폴레온 힐은 말했다. "성공은 열망을 갖는 것에서 시작된다. 이 점을 항상 염두에 두어라. 불을 조금만 피우면 별로 따뜻해지지 않듯이, 열망이 약하면 미약한 결과를 가져온다."

━━━━━━◆━━━━━━

기존의 생활 방식에서 생겨난 불만이

변화에 뒤따르는 불편함보다 더 클 때

비로소 목표를 향해 나아갈 수 있다.

━━━━━━◆━━━━━━

조지 S. 클레이슨의 저서인 『바빌론 부자들의 돈 버는 지혜』에서, 바빌론의 제일가는 부자 아카드는 '부자가 되겠다는 강한 열망'만으로 맨손이었던 자신이 기념비적인 부를 축적한 방법을 설명한다. 아카드는 금을 향한 엄청난 열망이 있었기 때문에 금을 얻는 데 필요한 모든 지식을 섭렵하고자 했다. 지긋지긋했던 가난을 잊지 않기 위해 예전부터 쓰던 낡아빠진 지갑을 계속 사용했으며, 본인이 발견한 재정 원칙에 따라 생활하려고 꾸준히 노력했다. 아카드의 머릿속은 텅

빈 지갑을 '금이 가득 차서 두툼해진 채 금덩이 소리가 짤랑 짤랑 나도록' 만들고 싶다는 열망으로 항상 가득했다. 이 타오르는 열망이 아카드를 행동하게 했고 머지않아 그는 지갑을 두툼하게 만들 수 있었다.

힐은 『생각하라 그리고 부자가 되어라』에서, 꿈꾸는 삶을 이루기 위해 타인의 권리를 침해하는 게 아니라면 무슨 일이든 했던 한 남자의 이야기를 들려준다. 불타는 열망을 지닌 에드윈 C. 반스는 위대한 발명가인 토머스 에디슨의 동업자가 되길 간절히 원했다. 동업자가 될 만한 자원이나 기술이 전혀 없다는 사실은 중요하지 않았다. 사실 반스는 에디슨의 연구소로 가는 기차를 탈 돈조차 없어서 화물차를 타야 했다. 하지만 그의 열망은 너무 강해서 이미 마음속에 자신이 원하는 직함까지 정해놓은 상태였다. 그 무엇도 그가 가고자 하는 길을 막을 수 없었다.

연구소에 도착한 반스는 에디슨의 동업자가 되고 싶다고 밝혔고 마침내 에디슨과 만날 수 있었다. 에디슨은 반스의 자신감에 매우 놀라워하며 그 자리에서 반스를 고용했다. 비록 말단 직원으로 채용되긴 했지만, 반스는 이를 기회로 여겼고 자신의 중점 목표를 달성하기 위해 모든 노력과 에너지

부를 이끄는 생각의 그릇

를 쏟아부었다. 그는 에디슨의 동업자가 되진 못했으나 에디슨의 가까이에서 일하는 것을 받아들였다. 그만큼 반스의 열망은 확고했다. 반스는 입사 후 몇 달 내에 승진시켜주지 않으면 회사를 그만두겠다는 조건을 제시할 수도 있었다. 하지만 그 대신 언젠가 동업자 지위를 요구할 수 있도록, 에디슨이 요청한 일이라면 무엇이든 열성적인 태도로 임하여 기대 이상을 해냈다.

때마침 반스에게 좋은 기회가 왔다. 에디슨사의 기존 영업 사원들이 큰 관심을 보이지 않던 에디폰Ediphone이라는 새로운 구술 녹음기를 파는 일이었다. 반스는 도무지 안 팔릴 것 같은 이 녹음기를 자신이 판매하겠다고 나섰고, 맡은 바를 성공적으로 해냈다. 그 결과, 에디슨은 미국 전역에 그 기술을 배포하고 판매할 수 있는 독점 판매권을 반스에게 주었다.

힐은 반스가 명확한 목표를 실현할 수 있었던 이유는 열망 때문이라고 분명하게 밝혔다. "반스의 열망은 단순한 '희망 사항'이 아니었다! '소망'도 아니었다! 다른 모든 것을 넘어서는 예리하고 가슴이 두근거리는 열망이었다. 그 열망은 매우 명확했다." 이 열망이 처음부터 구체적인 것은 아니었다. 처음엔 그저 소망이나 희망 사항 정도였다. 하지만 반스는 자신의 목표를 이루기 위해 모든 노력을 쏟아부었다. 그 열망에 인생을 걸고, 열망을 실현할 때까지 퇴로를 모두 불태워 물러설 여지를 남겨두지 않았다. 타오르는 열망이 있었기에 반스는 일에 더욱 매진할 수 있었고, 기회가 왔을 때 즉시 알아채고 행동으로 옮겼으며, 마지막까지 절대 포기하지 않았다.

의식적으로 돈을 생각하는 습관을 길러라

당신이 지금 이 책을 읽는 이유는, 수동적인 태도로 바라고 있는 '더 많은 것'보다 훨씬 더 큰 무언가를 원하기 때문이다. 열망을 현실로 만들기 위해서는 열망을 명확한 중점 목표로 구체화해야 한다. 힐은 『성공의 법칙』에서 "열망은 인생의 명확한 중점 목표가 무엇인지 결정하는 요소이다. 누구도 당신의 마음을 지배하는 열망을 대신 선택해 줄 수 없다. 하지만 일단 스스로 선택하고 나면 그 열망이 당신의 명확한 중점 목표가 된다. 상충하는 다른 열망에 압도되지 않는 한, 그 열망이 현실이 되어 당신이 만족할 때까지 마음을 온전히

부를 이끄는 생각의 그릇

쏟게 된다"라고 말했다.

부자가 되길 원한다면 '의식적으로 돈을 생각'해야 한다. 이를 힐의 말로 표현하면, "온 마음이 돈에 대한 열망에 완전히 사로잡혀, 이미 부자가 된 자신의 모습을 볼 수 있다"는 것이다. 열망을 구체적이며 생생하게 시각화하면 언젠가 반드시 그 열망을 달성할 거라는 확신이 생긴다. 열망을 실현할 수 있는 능력을 갖추고 있다는 확고한 믿음은 매우 중요하다. 그 믿음이 백만장자들이 갖는 사고방식의 첫 번째 특징이다. 마음은 아주 강력한 도구이다. 당신이 하는 생각과 그 생각에 대한 감정이 성과에 영향을 미친다. 힐은 당신의 생각을 이용하여 열망을 현실로 만드는 방법을 다음과 같이 제시한다.

❖

나폴레온 힐의 열망을 부로 바꾸는 6단계 법칙

첫째, 원하는 돈의 액수를 명확하게 정하라. 그냥 "돈이 많으면 좋겠어"처럼 애매한 표현은 충분치 않다. 구체적인 액수를 정확하게 정하라. 목표 설정이 중요한 심리적 이유는 2장에서 다룰 것이다.

둘째, 돈을 원하는 만큼 얻기 위해서 어떤 대가를 치를 수 있는 지 명확하게 결정하라. 세상에 '대가 없는 일'이란 없다.

셋째, 그 돈이 내 손에 들어오는 날짜를 분명하게 정하라.

넷째, 열망을 실행하기 위한 구체적인 계획을 세우고, 완벽하게 준비하지 못했더라도 일단 행동으로 옮겨라.

다섯째, 지금까지 정한 내용을 종이에 적어라. 목표한 금액, 날짜, 대가를 명확하고 간결하게 선언문으로 적어라. 그리고 이를 달성하기 위한 계획을 분명하게 서술하라.

여섯째, 그 선언문을 매일 두 번씩, 아침에 일어났을 때와 밤에 잠들기 전에 읽어라. 그리고 선언문을 읽을 때 이미 그 돈을 다 가진 자신의 모습을 상상하고 느끼고 믿어라.

생각의 힘을 이용한 이 방법은 축적된 능력과 창의력을 활성화하는 데 매우 효과적이다. 힐은 "반복해서 생각하면서, 반드시 이루겠다는 굳센 다짐을 하고, 마음속 깊이 품은 지배적인 생각, 계획, 목적을 잠재의식에 심는다면, 당신의 잠재의식은 사용할 수 있는 모든 자연스럽고 논리적인 방법을 통해 계획을 즉시 실행할 것이다"라고 설명한다. 다시 말해,

부를 이끄는 생각의 그릇

열망을 마음에 새기고, 그 열망에 확고하고 건설적인 감정을 쏟아부으면, 중점 목표를 달성하기 위한 실질적인 계획을 세우게 되고, 그 계획을 실행할 수 있는 용기를 키우게 된다. 또한 그 계획을 달성할 때까지 그 길에서 벗어나지 않게 해주는 끈기도 기를 수 있다.

목표 달성에 전념하게 해주는 동기를 결정하라

부자가 되고 싶다는 열망을 강화하려면 부를 쌓고 싶은 당신만의 '이유'를 먼저 파악해 보는 게 도움이 된다. 사람들은 기본적으로 다음과 같은 이유로 돈을 벌고 싶어 한다.

1. 돈은 음식, 옷, 살 곳, 의료 등 삶에 기본적으로 필요한 것을 제공해 준다.

2. 돈은 나이가 들어서 더는 돈을 벌 수 없을 때 미래를 보장해 준다.

3. 돈은 여행이나 오락과 같이 인생을 즐길 수 있는 수단을 제공한다.

4. 돈은 사람들을 돕거나 가치 있는 명분을 지원하는 데 사용할 수 있다.

내가 살고 있는 미국에서는 합법적으로 원하는 곳 어디서나 살 수 있고, 내가 선택한 음식점에서 식사를 할 수 있으며, 가능한 한 편안하게 여행을 할 수 있다. 하지만 법의 테두리 내에서 가능한 것과 그것을 실제로 할 수 있는 것은 별개의 문제다. 필요한 것을 얻고 하고 싶은 것을 하려면 돈이 필요하다. 돈이 없다면 선택권이 많지 않으며 경제적 자유를 누리기도 어렵다.

명확한 중점 목표에 활기를 불어넣어 목표 달성에 전념할 수 있게 만드는 동기를 결정하라. 힐은 이렇게 말했다. "명확한 목표에는 타오르는 열망이 뒤따라야 한다. 당신을 불타오르게 만드는 동기가 없다면 타오르는 열망을 갖지 못할 것이다. 당신을 행동하게 만드는 동기가 많을수록 목표가 잠재의식에 닿을 가능성이 더 커진다."

나폴레온 힐은 인간의 기본적인 성취동기 9가지를 다음과 같이 제시한다.

1. 사랑

2. 성적 욕망

3. 물질적인 부를 이루거나 돈을 벌고 싶은 욕망

4. 자기 보존의 욕망

5. 몸과 마음이 자유롭기를 바라는 욕망

6. 자기표현에 대한 욕망

7. 후대에 이름을 남기고 싶은 욕망

8. 복수심

9. 두려움

파괴적인 자극을 주는 동기인 복수심과 두려움은 목표 달성에 대부분 역효과를 낸다. 예를 들어, 두려움은 진취적으로 행동하는 것을 방해해서 당신을 평생 가난에서 벗어나지 못하게 만들 수도 있다. 그러니 당신을 행동하게 만드는 동기를 찾아라. 변화 과정에 따르는 불편함을 기꺼이 이겨낼 만큼 강력한 '이유'를 주는 동기를 선택하라. 물론 하루아침에 부자가 되는 것은 극히 드문 일이므로 부를 축적하는 과정은 매우 힘든 경험일 수 있다. 장기적으로 마음의 평화를 유지하기 위해서는 충분한 시간과 인내가 필요하며, 앞서 언급한 즐거움을 일시적으로 포기해야 하기 때문이다. 그러므로 성공을 추구할 때는 합리적이며 정서적인 추진력을 제공하는 동기, 다시 말해 내게 만족감을 주고 목적성을 부여해

주며, 끈기 있게 버틸 수 있게 해주는 동기가 필요하다.

『죽음의 수용소에서』의 저자 빅터 E. 프랭클은 아우슈비츠를 비롯한 유대인 강제 수용소 네 곳에서 3년 반 동안 수감 생활을 했다. 프랭클은 수용소에서 마지막까지 살아남은 사람들은 살아야 할 강력한 이유를 가진 자들이었다고 회고하며 이렇게 썼다. "삶에 의미가 있다는 걸 깨닫는 것만큼 최악의 상황에서 효과적으로 살아남는 방법은 없다." 수용소에서 프랭클을 버틸 수 있게 해주었던 동기는 가족을 다시 만나고 싶다는 마음, 그리고 수용소에 끌려오기 전에 했던 일을 계속하고자 하는 열망이었다. 일은 프랭클에게 큰 목적을 부여했고 다음의 글을 쓰는 데 영감을 주었다. "자신을 애타게 기다리고 있을 사람이나 아직 완성하지 못한 일에 책임을 느끼는 사람은 결코 자신의 삶을 포기하지 않는다. 그는 살아야 하는 '이유'를 알고 있으므로 그 '어떠한' 어려움도 견뎌낼 수 있다."

다른 사람을 돕거나 그릇이 큰 삶을 살겠다는 목표는 특히 강력한 동기가 된다. 자신의 이익만 생각하는 것을 넘어서는 이타적 동기는 그게 무엇이든 부를 끌어당기는 데 책임을 부여해서 더 강력하게 작용하기 때문이다. 19세기의 유명한 성공 전문가인 새뮤얼 스마일즈Samuel Smiles 의 말을 기억하자.

✦━━━━✦

"스스로 길을 찾기로 결심한 사람은

항상 충분한 기회를 얻게 될 것이다.

만약 기회를 얻지 못한다면

기회를 만들 것이다."

— 새뮤얼 스마일즈

✦━━━━✦

- 성공하는 데 꼭 필요한 세 가지 단계

  1. 타오르는 열망을 가질 것.
  2. 불타는 열망을 확실한 목표로 구체화할 것.
  3. 목표를 달성하기 위해 적합한 행동을 취할 것.

- 성공으로 가는 길은 '확고한 열망'에서 시작한다. 열망은 희망 사항이나 소망보다 훨씬 강력해야 하며, 인생을 바칠만한 열정이 있어야 한다.

- 원하는 만큼의 돈을 이미 가지고 있다고 상상하며, 의식적으로 돈을 생각하는 부자의 사고방식을 길러라.

- 변화로 인해 발생하는 불편함을 기꺼이 극복하고, 꿈을 좇아 행동할 수 있게 해주는 분명한 '이유'인 동기 구조로 당신의 열망에 연료를 부어라. 힐이 밝힌 기본 동기 9가지는 다음과 같다(마지막 두 가지는 부정적인 동기이다).

  − 사랑
  − 성적 욕망
  − 물질적인 부를 이루거나 돈을 벌고 싶은 욕망
  − 자기 보존의 욕망
  − 몸과 마음이 자유롭기를 바라는 욕망

- 자기표현에 대한 욕망
- 후대에 이름을 남기고 싶은 욕망
- 복수심
- 두려움

◇ 명확한 중점 목표를 정하라. 중점 목표를 고르는 데 도움을 줄 수 있는 다음 질문을 참고하자. '부유함' 혹은 '부'의 정의는 무엇인가? 부유함은 정신적, 영적, 정서적, 재정적 부 등 다양한 의미를 지닌다. 가장 심오한 열망이 무엇인지는 스스로 결정해야 한다. 당신 인생에 진정한 의미를 부여하고 궁극적인 마음의 평화를 주는 것은 무엇인가?

_____

_____

_____

_____

◇ 당신이 정한 명확한 중점 목표가 특정 금액의 돈을 버는 것이 아니라면, 돈은 당신의 목표를 달성하는 데 어떤 역할을 하는가?

_____

_____

_____

_____

◇ 중점 목표를 달성하는 데 전념할 수 있게 해주며, 당신에게 가장 큰 영감을 제공하는 동기는 무엇인가?

_____

_____

_____

_____

_____

◇ 열망을 부로 만드는 힐의 법칙을 따라 해보자. 당신이 열망하는 귀중한 것들을 이미 다 가진 자신의 모습을 상상하라. 당신만의 특별한 동기가 제공하는 논리와 감정이 이 꿈을 뒷받침한다는 사실을 기억하라.

"당신이 생각하고 믿는 것은 무엇이든 이룰 수 있다."

— 나폴레온 힐

YOUR MILLIONAIRE
M I N D S E T

2

믿음

※

**스스로 한계를 정하지 않는 한
제약은 없다**

♦♦♦

사람은 누구나 금전적, 물질적, 영적인 이익을
얻고자 하는 '소망'이 있다.
소망을 믿음으로, 믿음을 현실로 만드는
유일하고 확실한 힘은
자신의 능력에 대한 믿음이다.

— 나폴레온 힐, 『결국 당신은 이길 것이다』

♦♦♦

서커스장에서 쇠사슬에 묶여 있는 코끼리를 본 적이 있는가? 2톤은 거뜬히 넘는 코끼리가 자신이 갖고 있는 엄청난 힘을 이용한다면 쉽게 말뚝을 뽑아 쇠사슬에서 벗어날 수 있을 것이다. 문제는 코끼리가 자신의 능력을 모른다는 것이다. 자신의 능력을 깨닫지 못해서 성공하지 못한 많은 사람들도 코끼리와 마찬가지인 상황이다. 코끼리는 아주 어렸을 때부터 말뚝 박힌 쇠사슬에 묶여 지냈다. 수없이 탈출을 시도했지만 실패한 어린 코끼리는 도전을 멈추고 자신의 운명을 받아들인다. 사실 성인 코끼리는 힘을 주면 말뚝을 쉽게 뽑아버릴 수 있다. 하지만 쇠사슬에서 벗어날 수 없다는 생각에 길들여지고, 무력함을 받아들이도록 훈련받으면서 생긴 무기력이 코끼리를 정복해 버린 것이다.

이 코끼리 이야기는 사람이 발전하는 과정에도 적용해 볼 수 있다. 일단 열망을 달성하는 데 필요한 능력의 한계를 받아들이면 그게 사실인지 아닌지는 중요하지 않게 된다. 긍정적인 변화는 성공의 '가능성'뿐 아니라 성공을 '확신'하는 데서 시작된다. 이를 이해하지 못한다면 삶에서 성취할 수 있는 많은 것들에 제약이 생긴다. 자신이 기대한 바를 뛰어넘는 경우는 흔치 않기 때문이다.

緊정적인 변화는 성공의 가능성뿐 아니라

성공을 확신하는 데서 시작된다.

성공할 거라는 확신이 없다면 확신부터 가져야 한다. 거만해지라는 의미가 아니다. 원하는 삶을 향해 성장할 수 있다고 믿어야 한다는 뜻이다. 코끼리와 달리 인간은 이성적으로 사고할 수 있는 능력이 있다. 비록 우리가 빚에서 벗어나 부를 쌓으려는 시도가 헛된 거라고 믿도록 훈련받았을지도 모르지만, 진짜 제약은 스스로의 마음속에서 만드는 한계뿐이라는 것을 이해하도록 우리의 신념을 바꿀 수 있다.

부를 이끄는 생각의 그릇

먼저, 자신의 삶을 변화시킬 수 있다고 믿어야 한다. 그다음, 그 변화에는 기존과 다른 생각과 행동이 필요하다는 사실을 알아야 한다. 무언가 바뀌기를 기대하거나 바라면서 전과 같은 선택을 하는 것은 정신 이상 증세나 마찬가지다. 이는 같은 행동을 하고 다른 결과를 기대하는 것이다. 수백만명의 사람들이 빈곤에 처할 상황에 있거나 빈곤에 처해 있으면서도 그저 운명이라 여긴다. 또는 계속해서 일하다 보면 언젠가는 '휴식'을 얻게 될 거라고 생각한다. 하지만 변화를 추진하는 능력은 변하고자 하는 의지에 달려 있다. 일단 본연의 능력에 집중할 수 있도록 생각을 완전히 바꾸고, 건설적인 생각과 일치하도록 행동하면 긍정적인 변화가 일어날 것이다. 그리고 당신은 서커스장에 있는 코끼리와 달리 자신이 처한 상황을 근본적으로 통제할 수 있다는 걸 알게 될 것이다.

◆—————◆

"믿음은 생각을 자극하는 데 필요한
생명, 힘, 행동을 불어넣는 '만병통치약이다.'"

—나폴레온 힐

◆—————◆

중학교를 중퇴한 백만장자 이야기

자신에 대한 믿음이 자기 훈련 및 지략과 조화를 이루면 인생의 어떤 약점도 극복할 수 있다. 90대까지 살았던 클린트와 루실 부부의 이야기를 살펴보자.

클린트는 젊은 시절 탄광에서 석탄 싣는 일을 하며 하루에 2달러를 벌었다. 그는 위험한 작업 환경이나 고된 노동에 대해서는 별로 생각하지 않았다. 그저 살아남기 위해 노력할 뿐이었다. 16남매 중 한 명이었던 클린트가 겨우 14살이었을 때 그의 어머니가 돌아가셨다. 중학생이었던 클린트는 가족을 부양하기 위해 학교를 그만두고 돈을 벌었다. 어머니가 돌아가시면서 남긴 병원비 300달러도 갚아야 했다. 클린트는 탄광에서 계속 일했지만, 하루에 15~16달러 이상은 벌지 못했다. 나중에 루실이라는 아가씨를 만나 결혼을 했는데, 클린트와 루실 둘 다 매우 검소했기 때문에 시간이 지나자 꽤 많은 돈을 저축할 수 있었다.

만년에 접어든 클린트는 자신의 집 근처에 작은 기숙사를 짓고 그 지역에서 일하는 노동자들에게 숙소를 제공했다. 당시 클린트가 살던 동네에는 노동자들이 묵을만한 호텔이나

부를 이끄는 생각의 그릇

모텔이 없었다. 클린트의 아내 루실은 돈을 좀 더 벌기 위해 마당 가장자리에 조그만 식당을 열어 핫도그, 햄버거 등 간단한 음식을 팔기 시작했다.

나는 은행에서 일하면서 클린트와 루실을 알게 되었고, 두 부부의 세세한 재정 상황까지도 잘 파악하고 있었다. 클린트 부부는 한 달에 한 번, 보통 수요일에 시계처럼 규칙적으로 내 사무실에 방문했다. 주로 점심시간에 찾아와서 내가 점심을 대접하곤 했는데, 부부는 샌드위치를 주문해서 반만 먹고 나머지 반은 포장해 갔다. 두 사람의 철학은 간단했다. "낭비하지 말 것." 클린트 부부는 포장해 간 샌드위치 반쪽으로 저녁을 해결했을 것이다.

이들 부부가 80세쯤 되었을 때, 나는 부부에게 유언장을 작성했는지 물었다. 부부는 아이가 없었기 때문에, 한 사람이 먼저 세상을 떠나면 자연히 남은 한 사람이 재산을 모두 가져간다고 생각했다. 그래서 나는 사고 등으로 인해 두 사람이 동시에 세상을 떠날 가능성에 대해 조언했다. 부부는 집과 개인 자산을 제외하고도 거의 120만 달러나 되는 재산을 가지고 있었다. 유언장이 없었던 데다가 부부에게는 형제자매도 많아서 잠재적인 상속인이 엄청 많을 게 분명했다.

당시 상속세가 비쌌으므로, 나는 클린트에게 재산의 일부를 좋은 일에 기부하는 게 어떻겠냐고 권했다. 그러자 그는 그날 바로 와이즈wise에 있는 버지니아대학교 앞으로 50만 달러 수표를 써서 청년들의 등록금을 지원해 주는 장학금을 만들었다. 이후 클린트는 자신의 도움으로 설립된 장학기금에 22만 5천 달러를 추가로 기부했다. 오늘날, 이 장학기금 덕분에 수백 명의 젊은이들이 대학에 다닐 수 있게 되었다. 이 혜택을 받은 사람 중 상당수는 부모가 대학 교육을 받지 못했던 사람들이다. 또한 클린트는 재산을 다 소진할 때까지 세인트 주드 아동연구병원, 미국심장협회, 미국암학회 등을 포함한 기타 자선 단체에 각각 10만 달러를 전달했다.

클린트는 가난한 가정에서 태어나 제대로 된 교육도 받지 못했고, 출세의 기회가 적은 지역에서 살아야 했다. 하지만 열심히 일하고, 검소하게 생활하며, 낭비하지 않고 꾸준히 저축한 결과 여러 장애물을 극복할 수 있었다. 자신의 능력에 대한 믿음이 있었기에 자신이 처한 환경을 뛰어넘어 누구나 자랑스러워할 만한 유산을 쌓을 수 있었다.

언젠가 반드시 성공할 거라고 믿는 한, 그 어떤 비관론자나 일시적인 좌절도 당신이 가는 길을 막을 수 없다. 믿음이

부를 이끄는 생각의 그릇

있다면 용기와 회복력으로 어떤 어려움도 극복할 수 있을 것이다. 또한 유쾌한 성격으로 다른 사람의 협력을 끌어내고, 목표를 달성하기 위한 실질적인 계획을 찾아내는 창의성을 발휘할 수 있을 것이다.

믿음은 성공을 위한 촉매제다

믿음은 명확한 중점 목표와 결합해서 잠재의식을 활성화하며, 주요 목표를 달성하기 위한 실용적인 계획을 식별한다. 힐이 말했듯이, "지배적인 열망, 계획 혹은 목적에 할 수 있다는 믿음이 뒷받침되면, 잠재의식이 지시를 받아들이고 즉시 행동에 옮길 것이다." 믿음은 성공에 대한 열망을 정신적인 의무로 바꾼다. 그리고 우리의 사고를 물들여서 생각이 힘을 얻게 하고 잠재의식이 성장할 기회를 끌어내도록 만든다. 또, 믿음은 화학 반응의 촉매제 같은 역할을 한다. 즉 우리 마음 안에서 작용하는 요소, 다시 말해 명확한 중점 목표와 그와 연관된 긍정적인 감정의 반응을 촉진한다.

다행히 믿음은 누구나 기를 수 있다. 잠재의식에 반복해서 지시하면 무의식적으로 성공에 도움이 되는 정신 상태를 만들 수 있다. 마음이 모든 부정적인 감정, 특히 두려움에서 벗어나면 자발적으로 믿음을 키울 수 있게 된다. 힐은 "믿음은 우리 뇌가 모든 정서적 갈등을 제거했을 때 경험할 수 있는 감정 상태"라고 말했다. 뇌에 부정적인 메시지를 많이 전달할수록 두려움이 커져서 자신의 능력을 의심하게 된다.

우리의 생각은 절대 게으르지 않다는 것을 기억하라. 당신이 적극적으로 생각들을 관리하지 않는다면 독성이 있는 외부 자극이 잠재의식에 접근할 수 있다. 예를 들어, 당신이 가난을 의식하는 사람들로 둘러싸여 있다면, 당신도 비슷한 정신적 습관을 갖게 될 것이다. 가난을 끌어당기고 있으면서 가난을 두려워한다. 우리의 생각은 주변 환경과 조화를 이루기 때문에, 독립적인 사고를 지지하는 긍정적인 사람들의 네트워크에 들어가야 한다. 또한, 매일 우리를 공격하는 소음을 걸러내야 한다. 수동적인 사고방식을 가지고 있으면 두려움과 미신으로 이리저리 흔들리는 세상의 변덕에 취약하기 쉽다. 그러니 수동적이고 목적 없는 생각은 버리고, 일부라도 긍정적이고 확실한 생각을 하라. 자신에 대한 믿음이 있어야만 긍정적인 생각의 힘을 사용할 수 있고 성공을 뒷받침할 해결책과 기회를 찾을 수 있다. 믿음이 있는 상태로 무언가를 생각할 때, 당신의 잠재의식은 열망과 지시에 즉각 반응할 가능성이 훨씬 더 크기 때문이다.

수동적인 사고방식을 가지고 있으면

세상의 변덕에 취약하기 쉽다.

자신의 능력에 대한 믿음을 키우는 두 가지 비결은 '반복'과 '시각화'다. 당신이 처한 환경에서 오는 부정적인 영향을 모두 떨쳐버리고, 수동적인 생각을 적극적이고 긍정적인 생각으로 바꿔야 한다. 반복하기 가장 좋은 확언은 명확한 중점 목표나 열망을 기록한 선언문이다. 중점 목표를 달성하겠다고 더 많이 반복해서 말할수록, 그 목표를 달성하기 위한 최적의 메커니즘을 찾는 데 도움이 된다. 확언을 반복하고, 시각화를 활용해서 중점 목표를 달성한 모습이 어떻게 보이고 느껴지는지, 소리 심지어 냄새와 맛까지 생생한 그림을 그려야 한다. 오감을 모두 사용하여 성공을 거둔 자신의 모습을 구체적으로 머릿속에 그려두면 당신의 마음이 그 비전을 실현하기 위해 일할 것이다. 힐은 『생각하라 그리고 부자가 되어라』에서 이 원칙을 '자신감 선언문'으로 소개했다.

나폴레온 힐의 자신감 선언문

첫째, 인생의 명확한 목표를 달성할 수 있는 능력이 나에게 있음을 안다. 따라서 그 목표를 달성할 때까지 부단하고 지속적인 행동을 나에게 요구할 것이다. 지금 이 자리에서부터 행동을 시작할 것을 약속한다.

둘째, 마음을 지배하고 있는 생각이 결국 행동으로 드러나서 점차 현실로 바뀌게 됨을 깨닫는다. 따라서 매일 30분씩 집중해서 내가 이루고 싶은 모습을 생생하게 생각하고 그 모습을 마음속에 명확하게 만들어낼 것이다.

셋째, 자기 암시 원칙에 따라 어떤 열망이든 끈질기게 마음에 품으면, 결국엔 그 목표를 달성할 수 있는 실용적인 수단을 찾아낼 수 있음을 안다. 따라서 나는 매일 10분씩 시간을 내서 **자신감**을 기르는 데 사용할 것이다.

넷째, 인생의 **주요 목표**를 명확하게 글로 적는다. 그 목표를 달

부를 이끄는 생각의 그릇

성하는 데 충분한 자신감을 갖출 때까지 결코 노력을 멈추지 않을 것이다.

다섯째, 나는 진실과 정의에 기반을 두지 않는다면 어떠한 재산이나 지위도 오래 유지되지 않음을 안다. 그러므로 나는 사람들에게 이익이 되지 않는 거래는 하지 않겠다. 내가 사용하고 싶은 힘을 끌어당기고 다른 사람들의 협력을 구해 성공할 것이다. 나는 기꺼이 다른 사람들을 도울 것이고, 사람들에게도 나를 도와달라고 설득할 것이다. 인류에 대한 사랑을 키움으로써 증오, 부러움, 질투, 이기심, 냉소적인 생각을 버릴 것이다. 사람들에게 부정적인 태도를 보이면 성공할 수 없음을 알기 때문이다. 또한 다른 사람들이 나를 신뢰하게 할 것이다. 나 또한 다른 사람들과 나 자신을 믿을 것이기 때문이다.

이 선언문에 내 이름을 적고 내용을 기억하겠다. 그리고 하루에 한 번씩 큰 소리로 반복해서 읽으며, 이 선언문을 굳게 **믿을** 것이다. 이 믿음은 내 **생각**과 **행동**에 점차 영향을 미칠 것이므로, 나는 자주적이고 성공한 사람으로 거듭날 것이다.

마음은 모든 생각이 시작되는 작업장이다. 당신에게는 선택한 대로 생각할 수 있는 능력이 있다. 부유해지고 싶다면 목표를 달성할 수 있다는 믿음을 가로막는 두려움이나 의심을 없애야 한다. 당신이 만들고 싶은 것을 실제로 창조해 낼 수 있다고 믿어라. 당신에게 생각하고 믿는 능력이 있다면, 성취할 수 있는 능력도 있다.

일단 마음에서 의심과 불신을 제거했다면, 견고한 재정적 미래를 만드는 데 매우 중요한 첫발을 내디딘 것이다. 마음은 반대되는 생각을 동시에 품을 수 없다. 즉 가난과 부를 동시에 생각할 수 없으므로, 원하는 것에 정확하게 집중하는 태도가 매우 중요하다. 당신이 열망하는 것을 머릿속에 선명하게 그릴 수 있으면 그 가능성을 믿게 된다. 현재 그 열망을 이루었다고 여기고, 원하는 것을 이미 다 가진 듯이 상상할 수 있다. 신학자 노먼 빈센트 필 Norman Vincent Peale 은 다음과 같이 말했다. "당신이 어떤 자질을 원한다면 이미 그걸 가진 것처럼 행동하라." 당신이 이러한 성공 원칙이 사실이라는 것을 믿고 깨달을 때까지 이 원칙을 숙지하라. 어린 시절, 한글과 구구단을 배울 때처럼 계속 반복하다 보면 성공 원칙을 완벽히 익히게 될 것이다.

당신 안에는 이미 성공의 씨앗이 있다. 믿음에서 시작된 생각이 물질로 바뀌는 위대한 자연법칙을 이용한다면, 당신도 클린트와 루실처럼 자랑스러운 유산을 쌓을 수 있다.

- 스스로 재정적인 한계를 정하지 않는 한 제약은 없다. 성공 마인드를 기르기 위해서는 성공의 '가능성'뿐만 아니라 확실히 '성공'한다는 것을 믿도록 뇌를 다시 훈련해야 한다.

- 우리는 사람이기 때문에, 교육을 제대로 못 받았거나 가난한 환경에 놓이는 등 불리한 점이 있을지라도 환경을 바꿀 수 있다.

- 성장과 성공을 하기 위한 역량은, 생각하고 행동하는 방식을 바꾸고자 하는 당신의 의지에 달려 있다. 계속해서 전과 같은 행동을 하면 전과 같은 결과가 나타난다. 그러면 성공으로 가는 길이 정체되거나 심지어 내리막으로 향할 수 있다.

- 믿음이란,
  1. 마음에서 모든 부정적인 요소를 비워냈을 때 경험할 수 있는 감정이다.
  2. 더 높은 수준의 사고를 할 수 있게 하는 마음의 상태다.
  3. 당신의 긍정적인 감정이 명확한 중점 목표를 달성하는 데 더 강력한 반응을 일으키도록 돕는 촉매제다.

- 수동적이며 목적 없는 사고는 당신을 두려움과 미신이 판치는 세상의 변덕에 취약한 존재로 만든다. 이러한 파괴적인 생각을 당신의 잠재의식에 영양분을 제공하는 적극적이고 긍정적인 확언으로 대체하라.

- 믿음이라고 알려진 마음의 상태는 반복과 시각화로 계발할 수 있다. 성공을 이룬 자신의 모습을 세세한 부분까지 명확하게 시각화하고, 중점 목표와 열망을 기록한 선언문을 반복해서 읽어라. 그러면 잠재의식이 이를 믿고 당신의 최종 목표를 실현하기 위한 계획을 찾아낼 것이다.

◇ 자신의 약점 목록을 작성해 보자. 그런 다음, 그 약점들을 성장 기회나 장점으로 재구성할 수 있는 방법을 찾아서 각 약점 옆에 적어보자.

_____

_____

_____

_____

_____

◇ 믿음이라고 알려진 마음의 상태, 즉 자신의 능력에 대한 믿음을 키우는 데 사용할 수 있는 세 가지 확언을 작성해 보자. 명확한 중점 목표를 달성할 수 있다는 확신을 갖고 작성해야 한다.

•

_____

_____

•

_____

_____

•

_____

_____

◇ 삶에서 가장 큰 열망을 이미 이룬 당신의 모습을 생생하게 그려보자. 시각, 청각, 후각, 미각, 촉각 등 사용할 수 있는 모든 감각을 활용하여 세부적인 모습까지 구체적으로 시각화하라.

_____

_____

_____

_____

_____

◇ 앞서 작성한 확언과 시각화 활동을 연결해서 잠재의식에 창조적인 힘을 불어넣는 반복과 상상의 힘을 발견해 보라!

YOUR MILLIONAIRE
M I N D S E T

3

절약

※

**원하는 것과 필요한 것을
구분하라**

◆ ◆ ◆

빛이 없는 사람은 가난을 극복하고
눈부신 경제적 성공을 거둘 수 있다.
하지만 빚에 얽매여 있다면
경제적 성공을 거둘 가능성이 희박해짐을 넘어,
일말의 가망성도 없다.

— 나폴레온 힐, 『성공의 법칙』

◆ ◆ ◆

내 첫 직장은 돈을 단기로 대출해 주는 소비자 금융 회사였다. 당시 대리 직급이었던 나는 업무 시간 대부분을 대출 연체자들의 집을 방문하면서 보냈다. 연체자들이 대출금을 상환할 수 있는 방법을 찾게 만들려 노력했지만, 대출을 갚지 못하면 결국 담보물을 강제로 회수해야 했다.

내가 방문한 집들은 공통점이 있었다. 텔레비전은 있었지만, 성경책 외에 다른 책은 찾아보기 힘들었다. 그들은 대부분 보수가 후한 직업을 가지고 있었지만, 자신을 위해 공부하는 사람은 없었다. 또한 그들 다수가 사택을 제공하는 회사에서 근무했으며 식료품에서부터 가구까지 모든 걸 외상으로 살 수 있는 회사 내 매장과 가까운 곳에 살았다. 이들 중 많은 사람이 여분의 현금이 필요하면 소규모 대출 회사에서 돈을 빌렸고, 대출금을 갚지 않은 채 몇 년, 또 몇 년의 시간을 흘려보냈다. 당시 금리는 20%대였다.

소비자를 대상으로 하는 대출 사업은 고객에게 그다지 좋은 거래가 아니었다. 당시 대출 한도는 600달러였고 상환 기간은 최고 20개월이었다. 매달 37.53달러를 지급해야 했고 생명보험료 10달러를 별도로 내야 했다. 600달러를 빌리면 대출 만기가 도래할 때쯤에는 거의 750달러를 갚아야 했다. 내가 이 얘기를 하는 이유는, 때론 해야 할 일을 배우는 것보다 하지 말아야 할 일을 배우는 게 더 중요하기 때문이다.

내 아버지는 17살 때부터 광산촌에서 광부로 일했다. 아버지는 동네 백화점이 광부용 안전 장화를 팔던 시절 이야기를 종종 들려주곤 하셨다. 똑같은 안전 장화를 동네 백화점이 광산촌 회사 직영 상점보다 몇 달러 더 싼 가격으로 팔았던 것이다. 이 사실을 알게 된 건 어느 날 아버지가 새 안전 장화를 신고 작업장에 갔을 때였다. 나이 지긋한 광부 한 명이 아버지에게 장화를 어디서 샀냐고 물었다. 다른 광부들과 마찬가지로 아버지도 회사 직영 상점에서 샀다고 대답했다. 질문을 한 광부는 똑같은 장화를 동네 백화점에서 더 싸게 살 수 있다고 조언했다. 그 후 아버지는 회사 직영 상점을 잘 이용하지 않았다. 직영 상점에서는 물건을 쉽게 살 수 있지만, 그

만큼 돈을 더 쓰게 만들어서 사람들을 종종 빚의 악순환에 빠뜨리기도 한다는 사실을 배웠기 때문이다.

당시는 2차 세계대전이 막 끝난 시기였고, 대부분의 광부들에게 회사 직영 상점은 유일한 구입처로 여겨졌다. 광산촌은 산속에 고립되어 있어서 다른 곳으로 이동하기 힘들었기 때문에, 직영 상점에서 물건을 사는 게 훨씬 편리했다. 유명한 컨트리 가수 어니 포드Ernie Ford는 자신의 히트곡 '16톤'에서 광산촌 회사 직영 상점의 유혹을 이렇게 노래했다.

석탄 16톤을 실어서 당신이 얻을 수 있는 건 뭐지?
나이는 들어가고 빚은 더 늘어나지.
성 베드로여, 나를 부르지 마오, 난 갈 수 없으니.
난 회사 직영 상점에 영혼을 빚졌다오.

이 노래 가사에는 많은 진실이 담겨 있었다. 광부가 온종일 일해서 삽으로 실을 수 있는 석탄량이 16톤이었는데, 그렇게 열심히 일해도 돈은 벌지 못하고, 회사 직영 상점에 진 빚만 늘어나는 상황이었던 것이다.

가사 속 광부들처럼, 오늘날에도 많은 사람이 재정 관리

방법을 전혀 배우지 않거나 너무 늦게 배운다. 사람들이 빈곤한 이유는 대부분 낮은 임금 때문이 아니라 소득을 관리하는 법을 모르기 때문이다. 잘못된 돈 관리 습관은 다른 사람들로부터 배우게 되거나 의도치 않게 형성되곤 하지만, 어쨌거나 그 결과는 참혹하다. 빚더미에 빠져 허우적거릴수록 '더 나은 삶'으로 가는 길은 멀어지며, 경제적 자유를 이루겠다는 꿈은 월급으로 생계를 유지해야 하는 현실 속으로 사라져 버린다. 다행히 이번 장에서, 그리고 이 책 전체에서 새로운 생활 방식과 돈 관리법을 소개한다. 이 방법이 당신을 빚에서 벗어나 부자가 될 수 있도록 이끌어 줄 것이다.

빚은 정신을 감옥에 가둔다

1800년대 중반까지 미국과 영국의 경우, 빚을 갚지 못한 사람들은 감옥에 가는 게 일반적이었다. 이는 13세기부터 이어진 관행이었다. 빚을 갚지 못해 수감된 채무자들은 여러 측면에서 일반 범죄자들보다 더 나쁜 대우를 받았다. 채무자들은 다른 범죄자들과 달리 자신이 먹을 음식과 옷을 직접 준비해야 했다. 보통은 감옥에 짧게 머물렀지만, 몇 년 동안 감옥에 갇혀 있는 일도 있었다.

소설가 찰스 디킨스Charles Dickens가 겨우 12살이던 1824년, 그의 아버지는 빚 때문에 체포되어 런던에 있는 채무자 감옥인 마셜시Marshalsea에 수용되었다. 채무자의 가족도 함께 가두는 게 일반적이었기 때문에 디킨스의 가족은 모두 감옥에서 지내야 했다. 그곳에서 지냈던 경험은 디킨스에게 큰 영향을 미쳤고 훗날 그가 쓴 소설에도 종종 채무자들이 감옥에 갇힌 장면이 등장했다. 그중 가장 유명한 작품인 『작은 도릿』에는, 채무자들이 빚쟁이 사고방식에 완전히 갇힌 나머지 교도소 술집에서조차 없는 돈을 써대는 장면이 나온다. 소설 속 화자는 이렇게 말한다. "전체적인 분위기로 봤을 때, 이곳 사람들은 빚을 갚지 못하는 상태를 정상적으로 여기고, 빚을 갚는 것은 가끔 발생하는 질병으로 여기는 게 명백해 보였다." 수 세기에 걸쳐 빚은 여러 세대를 몰락시켰다. 채무자 감옥에 갇힌 사람들은 부채가 상황을 나쁘게 만드는 게 아니라 정상적이고 자연스러운 것이라고 생각했다.

미국은 1833년 미국 연방법에 따라 채무자 감옥 제도를 금지했지만, 이후에도 일부 주에서는 몇 년간 채무자들을 수감

시켰다. 영국은 1869년에 채무자 감옥 제도를 폐지했다. 지금도 두바이와 홍콩을 포함한 몇몇 국가는 빚을 갚지 않는 사람들을 수감하지만, 대부분의 국가들은 빚을 갚을 능력이 없는 채무자들을 감옥에 가두지 않는다. 그러나 채무자들은 삶에서 선택권이 제한되는 정신적인 감옥에 갇히는 경험을 하게 된다.

앰브로즈 비어스Ambrose Bierce는 자신의 저서 『악마의 사전』에서 빚을 "노예 감독관이 지닌 쇠사슬과 채찍의 기발한 대용품"이라고 정의하며 부채를 합법적인 노예 제도라고 기록했다. 유사한 관점을 갖고 있던 나폴레온 힐은 이렇게 말했다.

"빚의 무게에 짓눌려 있다면, 그 누구도 최선을 다해

일할 수 없고, 존경을 받기 어려우며, 인생의 명확한 목표를

만들거나 실행할 수 없다. 빚에 구속된 사람은

쇠사슬에 묶인 노예처럼 무력하다.

빚의 노예가 된 사람은 이상을 세우거나 실현할 시간이 없고,

의지도 없다. 그 결과 스스로 마음에 한계를 설정해

벗어날 수 없는 두려움과 의심의 벽에 둘러싸인다."

―나폴레온 힐

◆━━━━◆━━━━◆

부채는 사람의 마음을 옭아매서 원하는 방향과 목표로 열망을 추구하지 못하게 만들며, 목표 달성을 위해 다른 사람들로부터 협력을 구하는 것을 어렵게 한다. 그러므로 당신이 성공하고 싶다면, 먼저 주택 구입자금 대출을 제외한 모든 빚, 예를 들면 신용카드 빚, 의료비 청구서, 미납 세금과 각종 대출(학자금 대출, 신용 대출, 자동차 대출, 주택 담보 대출 등)을 상환하기 위한 계획을 마련해야 한다.

빚에서 벗어나는 법

✦

엘머와 수지의 합산 소득은 연 3만 달러가 채 되지 않았다. 이 부부의 삶을 들여다보면, 이 부부가 왜 그토록 빈곤하게 사는지 쉽게 알 수 있다. 엘머와 수지는 둘 다 고등학교를 중퇴했고, 제대로 된 직업 훈련도 받지 못했다. 건설 현장에서 일하는 엘머를 돕기 위해 한 노부인이 몇몇 잡일을 구해주었지만, 엘머는 결코 가난에서 벗어날 수 없었다. 노부인이 엘머에게 구해준 일은 여름 동안 건설 현장의 정규 일과를 마치고 와서 정원을 관리하는 거였다. 그런데 엘머는 양육비를 내지 않아 운전면허가 정지된 상태였다. 그래서 수지가 엘머를 저택까지 태워다 줬고, 엘머가 일하는 3시간 동안 차에서 기다리곤 했다. 수지가 운전하는 차는 크고 오래된 링컨이었다. 그 차는 마이클 코넬리의 2005년 동명 소설을 원작으로 한 영화 「링컨 차를 타는 변호사」의 남자 주인공 매튜 맥커니히가 연기한 캐릭터를 연상시킨다는 이유로 산 것이었다. 그들의 소득 수준을 고려할 때, 그 차는 그들을 더욱 심각한 빚더미에 앉게 만든 주범이었다.

그러던 어느 날, 엘머는 아르바이트를 하는 곳에 나타나지 않았다. 그는 고용주에게 연락해서 못 가게 된 상황을 설명하기는커녕 고용주의 전화를 피하기만 했다. 사실 엘머와 수지는 자동차 번호판이 만료된 탓에 교통위반 딱지를 받았고, 그 만료된 번호판 때문에 문제가 생길까 봐 걱정이 되어 운전을 할 수 없었던 것이다. 설령 새 자동차 번호판을 살 돈이 없었다는 그들의 주장이 사실이라고 해도, 엘머와 수지 둘

부를 이끄는 생각의 그릇

다 고용주에게 연락할 휴대전화는 갖고 있었다. 만약 엘머와 수지가 재정적으로 더 현명한 결정을 내렸다면 이 문제를 쉽게 해결할 수 있었을지도 모른다. 우선 엘머의 집은 일터에서 불과 1.6km 정도 떨어진 곳에 있었다. 그리고 엘머가 링컨 차에 달 새 번호판을 사기 위해서는 반나절만 일하면 됐다.

이 부부가 한 또 하나의 실수는 대부업체를 이용한다는 점이었다. 엘머와 수지의 대출 한도는 300달러였고 몇 년 간 계속해서 빚을 지고 있었다. 월급날 받는 급여 대부분을 대출을 갚는 데 썼기 때문에, 엘머는 급여를 받기 전 계속해서 또 다른 대출을 받기 위해 노력했다. 부부는 2009년까지 연 360%의 이자율을 지급하고 있었고 이후엔 조금 낮아져 290%가 되었다.

많은 사람과 마찬가지로, 엘머와 수지의 재정 문제는 행동과 깊은 관련이 있다. 재정 상황을 완전히 바꾸겠다고 결정했다면, 상황을 개선하기 위해 화급한 심정으로 다음과 같은 조치를 취했어야 했다.

먼저, 자신에게 잡일을 구해주었던 사람들의 목록을 작성할 필요가 있었다. 건설 현장의 특성상 일주일에 하루나 이틀 정도는 쉴 수 있었기 때문에, 여기저기 전화를 걸어 자신이 할 수 있는 아르바이트를 구해야 했다.

그다음, 금리가 높은 급여 담보 대출을 완전히 없애야 했다. '부업'으로 할 수 있는 아르바이트를 여러 개 하면서 대출을 갚고, 버는 돈보다 더 많은 돈을 쓰는 버릇을 고칠 수도 있었다. 연비가 안 좋아서 돈을 많이 잡아먹는 링컨 차 대신 건설 현장에서 유용하게 사용할 수 있는 중고 트럭을 사는 게 더 나았다. 만약 트럭을 샀다면 물건 운반이나 관목을 다듬는 일 등 자기만의 사업을 할 수도 있었다.

더불어, 미래 수입에서 돈을 끌어오기보다는 현재 월급에서 저축해야 했다. 엘머와 수지는 금요일에 받는 엘머의 수표를 현금으로 바꾸는 일 말고는 은행 거래를 해본 적이 없었다. 돈은 늘 순식간에 사라져 버렸다. 즉 그들은 월급의 최소 10% 이상을 은행 계좌에 저축하고, 적어도 3개월 치 급여에 해당하는 비상금을 마련하는 등 월급을 자신들을 위해 먼저 확보할 필요가 있었다.

만일의 경우를 대비해 돈을 미리 저축했더라면, 엘머가 할수 있는 여러 아르바이트의 영역을 확장할 수 있는 장비에 돈을 투자했을 수도 있다. 그랬다면 엘머의 수입이 늘어나서 그들의 상황이 훨씬 나아졌을 것이다.

신용카드 빚이 있거나 대출을 받았다면 외상으로 물건을
사는 습관을 버려야 한다. 부채가 있으면 부를 쌓는 능력이
두 배로 약해진다. 빚에 대한 이자를 갚아야 할 뿐 아니라 현
재 저축할 수 있는 금액도 줄어들기 때문이다. 이번 달에 번
돈을 지난달, 심지어 작년에 산 물건에 지출해야 한다면 당
신은 절대 앞서 나갈 수 없다. 게다가 빚은 부에 대해 생각하
는 것을 막고 가난한 사고방식을 유지하게 만든다. 일단 빚
을 청산해야 부와 기회를 끌어당길 수 있는 마음의 자유를
얻는다. 부채 상환 주기에 계속 갇혀 있으면 그러한 자유를
누릴 수 없다.

오늘부터 신용으로 물건 사는 습관을 버리겠다고 다짐하
라. 그 파괴적인 습관을 예산을 짜는 건설적인 습관으로 바
꿔라. 힐은 이렇게 말했다. "바람직하지 않은 습관을 버리는

것만으로는 충분하지 않다. 왜냐하면 해로운 습관이 차지했던 자리가 다른 습관으로 채워지지 않는 한, 기존 습관이 다시 나타나는 경향이 있기 때문이다." 따라서 당신이 버는 모든 돈에 목적을 부여하는 예산을 편성하고, 돈을 자신을 위해 가장 먼저 확보해야 한다. 저축에 관한 장에서 또 논의하겠지만, 다른 데 돈을 써버리기 전에 소득의 최소 10% 이상을 저축하는 게 중요하다. 최근 몇 달간의 지출 습관을 검토하고 지출 항목에 대한 목록을 만들어라. 필요한 항목에 지출해야 하는 예산을 책정하되, 임의로 구매하는 소비를 면밀하게 검토하라. 필요하지 않은 물건들을 살 것인가, 아니면 저축과 투자에 돈을 사용해서 장기적으로 더 많은 즐거움을 누릴 것인가?

윤택한 삶을 살고 싶다면 일단 신용카드를 사용하는 일과 대출받는 일을 멈추고 현금을 사용하라. 원금보다 더 많은 이자를 내야 하는 악순환에 갇히지 않도록 효율적으로 빚을 상환할 계획도 세워야 한다. 『바빌론 부자들의 돈 버는 지혜』에는 점토판에 적힌 바빌론어를 번역하는 일을 담당했던 어느 교수 이야기가 나온다. 점토판에는 고대 바빌론인의 재정적 지혜가 담긴 이야기가 적혀 있었다. 그 이야기들은 시대

부를 이끄는 생각의 그릇

를 초월할 정도로 중요한 내용들이었다. 교수는 자신이 번역하는 그 재정 원칙들을 직접 실행해 보기로 마음먹고, 매달 수입의 20%를 따로 떼어 빚을 갚기 위해 먼저 사용하는 등 여러 원칙을 실천에 옮겼다.

그 교수는 자신과 가족을 짓누르고 있던 부채를 상당 부분 청산하면서, 빚을 갚을 때 예산을 철저하게 책정하는 일이 매우 중요하다는 점을 깨닫는다. 이러한 변화는 더 많은 좋은 습관을 낳았다. 교수 부부는 돈을 어떻게 쓰고 있는지 전보다 더 의식했고, 반복되는 지출을 줄이기 위해 저렴한 대안을 찾았다. 빚을 다 갚은 후에는, 인플레이션에 굴복해 빚의 악순환에 다시 진입하지 않고, 빚을 갚는 데 쓰던 수입의 20%를 저축액을 늘리는 데 사용할 계획이다. 부부는 예전과 같은 월급으로 무엇을 할 수 있는지 알고 놀란다. "우리 가족은 경제적 측면에서 예전보다 훨씬 윤택한 삶을 살고 있다. 철저하게 예산을 계획하는 것과 그냥 돈을 사용하는 게 이렇게 큰 차이를 가져올지 누가 알았을까." 구체적으로 계획을 세우면 월말이 되기도 전에 어디 썼는지도 모르게 돈을 낭비하는 대신, 돈을 절약하며 현명하게 관리할 수 있다.

"필요하지 않은 물건을 산다면 조만간
당신에게 꼭 필요한 물건을 팔게 될 것이다."

－워런 버핏

현재 소득으로 부채를 빨리 갚을 수 없다면 소득을 늘릴 방법을 찾아야 한다. 시간, 보유 기술, 자동차와 같이 자신이 가진 자원을 활용해서 추가 수입을 얻을 수 있는 방법이 있는지 고민하라. 코로나바이러스로 인한 팬데믹 동안, 많은 사람이 추가 수입을 얻거나 손실되는 급여를 충당하기 위해 도어대시DoorDash♦와 우버이츠Uber Eats 같은 서비스에 눈을 돌렸다. 이렇게 '부업'을 하는 사람들은 부업을 함으로써 생활비를 더 잘 충당할 수 있을 뿐 아니라 부채를 더 빠른 속도로 갚을 수 있다는 사실을 알게 되었다. 이 모든 것은 그들이 이미 보유하고 있는 자원을 부를 창출하는 데 사용하기로 했기 때문이다.

♦　미국에서 음식 배달 서비스를 하는 회사로, 2013년에 시작되었다.

당신이 가치 있게 여기는 것은 무엇인가?

부자가 되고 싶다면 구매 가치를 제대로 평가할 수 있어야 한다. 물론 가치는 상대적이라서 외식과 유흥 같은 경험적 소비에 돈 쓰는 걸 좋아하는 사람이 있는가 하면, 물건 사는 것을 더 좋아하는 사람도 있다. 저렴한 물건을 많이 사는 것을 좋아하는 사람도 있고, 적게 사더라도 질 좋은 제품 사는 것을 좋아하는 사람도 있다. 하지만 세계적인 부자라도 모든 것을 다 살 수는 없다. 원하는 것과 필요한 것을 구분하고, 저축률에 영향을 주지 않으면서도 원하는 것을 살 수 있을 만큼 임의로 사용 가능한 자금을 충분히 확보해야 한다. 사실, 진짜 부자들은 수수한 경향이 있다.『부자 아빠 가난한 아빠』의 저자 로버트 기요사키 Robert Kiosaki 는 이렇게 말했다. "부자는 사치품을 가장 늦게 사는 반면, 가난한 사람과 중산층 사람은 사치품부터 사는 경향이 있다." 부자들은 현금으로 중고차를 구매하는 반면, 중산층 사람들은 5년 할부로 새 차를 구매한다. 장기 할부로 차를 사면 매달 적금에 충분한 돈을 넣을 수 없다. 워런 버핏이 우박에 피해를 입은 차량을 할인된 가격으로 구입해서 타고 다닌다는 내용이 BBC 다큐

멘터리에 나온 적이 있다. 이렇듯 진짜 부자들은 사람들에게 과시하기 위해 돈을 쓸 필요성을 느끼지 않는다. 그들은 검소하게 생활하고, 부지런히 저축하며, 아낌없이 베푸는 일에 가치를 둔다.

부자가 되기 위해 꼭 백만장자가 될 필요는 없다. 앞으로 할 팀의 이야기에서 알 수 있겠지만, 경제적으로 독립하는 데 필요한 돈은 개인의 생활 방식에 따라 다 다르다. 나폴레온 힐 재단은 버지니아대학교 와이즈 캠퍼스에 있는데, 그 근처에 오디오 녹음본과 책을 보관하는 데 쓰는 온도 조절이 가능한 보관소가 있다. 재단은 자료를 이 보관소에 운송할 때 대형 트럭 회사를 이용하는데, 그 회사의 주요 화물 운전자 중 한 명인 팀은 자신이 운반하는 책들이 어떤 책인지 알게 되었다. 어느 날, 팀은 나에게 자신의 재정 상태에 대해 말하며 이런 이야기를 했다. "취업하고 첫 차를 사서 얼마간 타고 다니다 보니 새 차가 필요하다는 생각이 들었어요. 그때 아버지께서는 제게 무언가를 사기 위해 의사 결정을 내릴 때는 여자 친구나 다른 사람의 시선을 고려해서 구매하는 걸 피하라고 주의를 시키셨어요. 사려는 차의 가격이 얼마인지, 매달 지급해야 할 이자와 할부금은 얼마며 몇 개월에 걸

부를 이끄는 생각의 그릇

쳐 내야 하는지 꼼꼼히 알아보라고 조언해 주셨죠. 그다음, 월급을 받아 새 차를 사려면 한 달에 며칠을 일해야 하는지도 계산해 보라고 하셨어요. 그러다 보면 제가 새 차가 필요하지 않다고 생각할 수도 있다고 말씀하셨어요. 새 차를 그냥 갖고 싶을 뿐이지, 꼭 필요하지는 않을 수 있다는 거죠. 그리고 '살다 보면 네가 갖고 싶은 것들로 인해 네 삶이 지배당할 수도 있으니 조심해야 한다'고 말씀하셨죠."

팀의 아버지는 중학교 2학년 수준의 교육밖에 받지 못했지만, 대학 졸업생들도 깨닫지 못한 지혜를 가지고 있었다. 또한 그의 아버지는 누구든 갑작스럽게 어려운 일이 닥칠 수 있으니, 만약의 경우를 대비해 돈을 저축해 두라고 팀에게 권했다. 팀은 22년간 같은 일을 해왔다. 집과 자동차 대출은 이미 다 갚았으며, 신용카드 빚을 비롯한 다른 부채가 전혀 없다. 그는 아버지의 조언을 기억하며 늘 수입의 15%를 저축했다고 말했다.

팀은 "원하는 것과 필요한 것의 차이를 깨닫는다면 살면서 어떠한 재정 문제도 겪지 않을 거예요"라고 말한다. 워런 버핏도 비슷한 맥락으로 조언한다. "당신이 작은 일에 스스로를 절제하지 못한다면, 큰일에도 절제하지 못할 것이다."

생수 한 병 같은 작은 품목이 아니라 재정에 영향을 미치는 물건을 구매하고자 할 때에는 스스로에게 다음과 같은 질문을 던져보라.

1. 갖고 싶은 물건인가, 아니면 필요한 물건인가?

2. 내가 가진 현금으로 살 수 있는가?

3. 이 구매가 내 재정에 부정적인 영향을 끼치는가?

4. 이 물건을 구매하려는 이유가 내 이익을 최우선으로 두지 않는 마케팅 담당자 같은 사람들의 영향을 받았기 때문은 아닌가?

5. 총 구매 비용은 얼마인가? (직접 내는 돈, 모든 2차적인 비용, 정서적 비용, 정신적 비용 등 모든 비용을 고려하라.)

6. 구매 비용을 전부 지불하기 위해 나는 몇 시간을 일해야 하는가?

경제적으로 안정되지 않았는데도 필요하지 않은 물건들을 계속 산다면 결코 '충만한 삶'에 도달할 수 없다.

소비자들이 저지르는 가장 큰 실수 중 하나는 충동구매다. 당신은 슈퍼마켓에서 계산대로 가는 길 양쪽에 충동구매를 부추기는 작은 제품들이 있다는 사실을 분명히 눈치챘을 것이다. 그 제품들을 집어 계산대 위에 올린다면 당신은 무슨 일이 일어났는지 깨닫지도 못한 채 계산해야 할 총 금액을 쉽게 늘려버릴 수 있다.

✦━━━━━━✦

"행복해지는 두 가지 방법이 있다.

원하는 것을 줄이거나 재산을 늘리는 것이다.

어느 쪽을 선택해도 같은 결과를 낳는다.

사람들은 둘 중에서 더 쉽게 이룰 수 있는 쪽을 선택한다.

만약 당신이 게으르거나, 병들었거나, 가난하다면

원하는 것을 줄이기가 아무리 어렵다고 해도

재산을 늘리는 게 그보다 훨씬 어려울 것이다.

만약 당신이 활동적이고, 부유하며, 젊고, 건강하다면,

원하는 것을 줄이기보다 재산을 늘리는 게 더 쉬울지 모른다.

하지만 현명한 사람은 젊든 늙든, 부유하든 가난하든,

아프든 건강하든 관계없이 두 가지를 동시에 한다.

그리고 아주 현명한 사람은

사회 일반의 행복을 높이는 방향으로 둘 모두를 한다."

— 벤저민 프랭클린Benjamin Franklin

✦━━━━━━✦

소득의 일부를 저축하지 않는다면 재정적 안정에 도달할 수 없다. 번 돈을 모두 사용해도 재정적 안정에 도달할 수 없을 것이다. 무언가를 원해서 사는 것과 필요해서 사는 것은 다르다. 최소 3~6개월의 기본 생활비를 충당할 수 있을 정도의 비상금이 확보될 때까지는 원하는 무언가를 사는 것은 미뤄야 한다.

생존하고 싶은가, 아니면 살아가고 싶은가?

만족 지연 능력은 1972년 스탠포드대학교의 월터 미셸 Walter Mischel이 실시했던 유명한 실험 주제다. 연구원들은 연구에 참여한 아이들에게 마시멜로를 하나씩 주고 15분 동안 먹지 않고 기다리면 하나를 더 주겠다고 약속했다. 그다음에 아이들이 마시멜로를 먹으려는 유혹에 저항한 시간을 각각 측정했다. 그 후 연구원들은 더 오래 참은 아이들이 성인이 되어서도 성공한다는 결론을 도출했다. 즉, 만족을 지연시킬 수 있는 능력이 성공하기 위한 핵심 요건인 더 큰 자제력을 의미한다고 판단한 것이다.

부를 이끄는 생각의 그릇

이 실험은 어린이를 대상으로 진행되었지만, 어른에게도 적용해 볼 수 있다. 재정적인 안정을 어느 정도 이룰 때까지 원하는 것에 대한 지출을 미루지 못한다면 생존할 수는 있지만 제대로 살아가기는 어렵다. 생존하는 것과 살아가는 것은 상당히 다르다. 그래도 좋은 소식은, 살아남을 것인지 살아갈 것인지를 결정하는 것은 전적으로 당신에게 달려 있다는 사실이다.

『바빌론 부자들의 돈 버는 지혜』에 나온 한 이야기에서, 어떤 상인은 재정적인 안정을 이루기 전까지는 갖고 싶은 물건에 돈을 낭비하지 않는 게 얼마나 중요한지 설명한다. 그가 청년일 때 수익성 좋은 투자 기회가 있었지만, 그는 다음과 같은 이유로 투자를 거절했다고 한다. "당시에 동양에서 온 상인들이 아름다운 옷을 팔고 있었어요. 너무 귀하고 좋은 옷이라 아내와 나는 각자 한 벌씩 그 옷을 사기로 마음먹었죠. 하지만 수입의 10%를 그 사업에 투자한다면, 예쁜 옷을 사는 즐거움을 누릴 수 없었어요. 결국 난 투자하지 않았죠." 재정적인 안정보다 즉각적인 즐거움에 더 가치를 두었던 상인은, 자산을 쌓고 경제적 자유를 얻을 수 있는 투자 기회를 놓치고 말았다. 만약 그가 저축한 돈이 더 많아질 때까지 화려한 옷을 사는 것을 미뤘더라면 훗날 전 세계에 있는 재화를 더 많이 누릴 수 있었을 것이다. 물건을 살 때 느끼는 순간적인 즐거움을 장기적인 재정적 안정과 맞바꾼다면, 경제적 자립에서 오는 마음의 평화를 누릴 수 있다.

돈으로 살 수 있는 그 어떤 것보다도

경제적 자유가 더 소중하다.

기본적인 생활 욕구가 충족된 이후에는 가진 돈으로 어떤 선택을 하느냐에 따라 미래 순자산 증가 정도가 달라진다. 돈으로 살 수 있는 그 어떤 것보다도 경제적 자유가 더 소중하다는 사실을 기억하라.

- 빚은 우리의 생각, 아이디어, 기회, 협력 가능성, 경제적 성장을 제한한다. 빚에 허덕이고 있다면 정신이 감옥에 갇혀 있는 것과 마찬가지다.

- 신용으로 구매하는 습관을 버리고 현금만 사용하라.

- 신용카드를 사용하며 돈을 마구 쓰는 파괴적인 습관이 있다면, 예산을 수립하는 건설적인 습관으로 바꿔라. 먼저 소득의 최소 10%를 저축하고 가능한 많은 금액을 빚을 갚는 데 사용하라.

- 빚을 더 빠르게 갚고 싶다면 소득을 늘릴 기회를 찾아라. 활용 가능한 자원과 기술을 고려하고 이를 최소한 한 개 이상의 부업으로 전환하기 위한 계획을 세워라.

- 구매 내역을 자세히 검토하면서 당신에게 진정한 가치를 제공하는 게 무엇인지 확인해 보라. 정말 필요한 것과 원하는 것을 구분해 보고, 재정적으로 안정을 이룰 때까지 원하는 것을 사는 일은 미루는 연습을 하라.

- 진짜 부자들은 사람들에게 과시하기 위해 돈을 쓸 필요성을 느끼지 않는다. 그들은 검소하게 생활하고, 부지런히 저축하며, 아낌없이 베푸는 일에 가치를 둔다.

- 자제력은 성공의 핵심 요건이다. 꼭 필요하지 않은 물건을 사고 싶을 땐, 돈으로 살 수 있는 그 어떤 것보다도 경제적 자유가 더 소중하다는 점을 기억하라.

◇ 현재 갚아야 할 채무 목록을 모두 작성해 보자. 신용카드 부채, 대출 (신용 대출, 자동차 대출, 학자금 대출, 주택 담보 대출, 가족한테 빌린 돈 등), 의료비 청구서, 미납 세금 및 기타 갚아야 할 돈 등을 모두 작성하라.

_____

_____

_____

_____

◇ 급여로 받는 모든 돈에 각각 목적을 부여해서 예산을 작성하라. 나를 위한 투자를 최우선으로 생각하고 각각의 사용처를 정하라. 만약 3~6개월 치 기본 생활비를 비상금으로 마련했다면, 적어도 급여의 10%를(만약 비담보 대출이 있다면 더 늘려선 안 된다) 저축이나 투자(급여에서 자동 공제되는 은퇴 저축을 제외하고 추가로)에 사용하라. 그다음, 매달 부채 상환에 사용할 수 있는 금액을 합리적으로 책정하고, 이것을 예산의 두 번째 항목으로 만들어라. 그렇게 하고 남은 돈을 당신에게 진짜 가치를 가져다주는 구매에만 사용하라.

• 월수입: _____

• 저축/투자: _____

• 채무 상환: _____

- 기부/십일조:

- 주택 담보 대출:

- 재산세:

- 관리비:

- 휴대전화 요금:

- 전기세/가스비:

- 수도세:

- 쓰레기 처리비:

- 자동차세:

- 자동차 수리비:

- 차량 유지비/기름값:

- 식비:

- 외식비:

- 의료비:

- 유흥비:

- 개인 생활비(미용실, 화장품 등):

- 의류비:

- 운동/건강:

부를 이끄는 생각의 그릇

- 경조사비/선물:
  _____

- 양육비:
  _____

- 기타:
  _____

  _____

◇ '원하는 것'과 '꼭 필요한 것'을 어떻게 구분하는가? 어떤 것(금전적이
  든 비금전적이든)이 당신의 삶에 가치를 더해주는가?

  - 원하는 것:
    _____

    _____

    _____

    _____

    _____

  - 필요한 것:
    _____

    _____

    _____

    _____

    _____

◇ 지난 몇 달간 지출한 내역을 살펴보자. 원하는 것과 필요한 것 각각에 돈을 어느 정도로 사용하고 있는가? 재정적 안정에 가치를 두고 예산을 수립한다면 원하는 것과 필요한 것에 사용하는 돈의 비율을 어떻게 변경해야 할까?

_____

_____

_____

_____

_____

◇ 무엇인가를 구매하려고 할 때마다 아래 확언을 반복해서 읽어보자.

"나는 자제력이 있다. 또한 나는 내 인생에서 진짜 중요한 게 무엇인지 알고 있다. 다른 사람에게 보여주기 위해 뭔가를 살 필요가 없다. 재정적인 안정과 관대하게 베풀 수 있는 능력이야말로 내 돈을 사용해서 할 수 있는 최고의 것이다."

4

일

※

수입을 늘려라

◆◆◆

일에서 기쁨을 찾을 수 있다.
만약 무언가를 해냈다는 성취감이 없다면
행복도 느끼지 못할 것이다.

— 헨리 포드Henry Ford

◆◆◆

부자가 되기 위해서는 재정을 제대로 관리할 수 있도록 스스로를 훈련하는 데 머물러서는 안 된다. 살아가는 데 꼭 필요한 것과 일부 원하는 것들을 살 수 있을 만큼의 돈을 벌어야 하고, 저축과 투자에 사용할 돈도 충분해야 한다. 물론 안정을 추구하면서 빨리 부자가 되는 건 상당히 어렵다. 그리고 돈과 시간을 최소한으로 투자하여 짧은 시간 안에 큰 수익을 마련하겠다는 일확천금식 계획은 재정적 손실로 끝나기 마련이다. 미국의 전미금융교육재단NEFE은 "복권에 당첨되거나 뜻밖의 횡재로 거액을 번 사람 가운데 70% 정도가 몇 년 내 파산한다"라고 보도했다. 즉, 장기간에 걸쳐 꾸준히 저축과 투자를 병행해야 부자가 될 수 있기 때문에, 명확한 중점 목표를 달성하는 데 도움이 될 만큼 충분한 돈을 벌 수 있으면서도 자신에게 의미 있는 일을 찾아야만 한다.

일생의 과업을 찾아라

많은 사람이 열심히 일을 하는데도 불구하고 성공하지 못하는 이유는 무엇일까? 첫 번째 이유는 자신의 경력에 대해 지속적으로 고민하는 사람이 드물다는 데 있다. 사람들은 졸업하고 들어간 첫 직장에서 계속 일하고 있으며, 그 일이 자신에게 도움이 되는지 아닌지 의심하지 않는다. 그러면서 왜 난 행복하지 않은 걸까 의아해한다! 나폴레온 힐은 이러한 현상에 대해 이렇게 말했다. "사람들 대다수가 명확한 목표나 확실한 계획 같은 기본적인 개념도 없이, 그저 학교를 마치고 취업을 준비하거나 사업을 시작하거나 전문직이 된다는 사실에 대해 생각해 본 적이 있는가? 과학은 사람들의 성격을 분석하고 각자에게 가장 적합한 일생의 과업을 결정하는 데 정확한 방법과 수단을 제공하고 있다. 그럼에도 불구하고, 전 세계 성인 인구의 95%가 자신에게 딱 맞는 일을 발견하지 못해 실패한 것과 다름없다는 사실이 현대의 비극으로 여겨지지 않는가?"

힐은 길에서 온종일 땅콩을 파는 한 남자의 이야기를 들려준다. 그 남자가 거리에서 땅콩을 파는 이유는, 좋아서가 아

부를 이끄는 생각의 그릇

니라(만약 자신의 목표에 부합한다면 땅콩을 파는 일은 전혀 문제가 되지 않는다) 자신에게 더 큰 노동 수익을 가져다 줄 명확한 목표를 찾는 데 시간을 들이지 않았기 때문이다. 힐은 이렇게 말했다. "그는 인생이라는 바다를 표류하고 있기 때문에 땅콩을 팔고 있다. 진짜 비극은, 그가 땅콩 파는 일에 쓴 만큼의 노력을 제대로 계획한 다른 분야에 쏟았더라면 그에게 훨씬 더 큰 수익이 생겼을 거라는 사실이다."

"성공한 사람들은 모두 동기를 유발하는
명확하고 뛰어난 목표를 가지고 일한다."

―나폴레온 힐

클리프턴스트렝스CliftonStrengths♦, MAPP 테스트Motivational
♦♦, DISC 검사♦♦♦, 마이어스-브릭스 유형 지표Myers-Briggs
Type Indicator♦♦♦♦ 등 자신에게 적합한 업무 유형을 찾기 위해
활용할 수 있는 테스트는 매우 많다. 따라서 타고난 적성에
부합하는 일이 무엇인지 모른다거나, 어떤 유형의 일에 동기

부여가 되는지 잘 모르겠다는 식으로 변명할 수 없다. 힐은 당신에게 가장 적합한 일은 당신이 온전히 즐길 수 있는 일이라고 조언한다. "왜냐하면 온 마음과 영혼을 다 쏟아부을 수 있는 분야에서 성공할 가능성이 가장 크다는 것은 잘 알려진 사실이기 때문이다."

자수성가한 백만장자이자 대통령의 자문이었던 버나드 바루크Bernard Baruch는 자서전인 『바루크의 인생 이야기』에서, 전 세계 수많은 사람들이 가난에 허덕이는 이유는, 자유의 열쇠인 이윤 추구의 동기를 제대로 이해하지 못하기 때문이라고 설명했다. 바루크는 사람들이 일하는 이유를 세 가지로

♦　　강점 진단 도구 중 하나로 영향력, 전략적 사고, 실행력, 대인관계 구축 이렇게 4가지 영역으로 분류된 34개의 재능 테마 중에서 자신의 강점 5개를 파악할 수 있다.

♦♦　　잠재 동기 평가. 개인의 고유한 잠재력을 명확하게 식별해서 개인 혹은 직업 환경에서 성장을 지원하는 데 사용하는 도구로, 기질, 적성 및 학습 스타일 등을 포함한 여러 범주에서 개인의 동기를 파악한다.

♦♦♦　　성격과 행동 유형에 따라 사람들을 4가지 유형으로 분류하는 심리 검사이다. 검사 결과에 따라 주도형(Dominance), 사교형(Influence), 안정형(Steadiness), 신중형(Conscientiousness)으로 분류한다.

♦♦♦♦　　MBTI 검사로, 1944년에 나온 자기보고형 성격 유형 검사이다. 미국 작가 캐서린 쿡 브릭스(Katharine C. Briggs)와 그녀의 딸 이자벨 브릭스 마이어스(Isabel B. Myers)가 카를 융의 초기 분석심리학 모델을 바탕으로 하여 개발했다. 검사 결과에 따라 사람의 성격을 16가지 유형으로 나눈다.

구분했다. 그 세 가지는, 자기 일에 대한 애정이나 다른 사람에게 도움이 되고 싶은 욕망, 수익과 원하는 것을 얻고 싶은 욕망, 어떤 외부 권위에 의한 강제성이다. 이 중에서 마지막으로 언급한 의무적인 노력은 지속해서 동기를 부여할 수 있는 방법이 아니다. 가장 좋은 동기는 일 자체를 사랑하거나 일이 주는 의미를 사랑하는 것이다. 따라서 정말로 좋아하는 일과 그 일을 하게 해주는 원동력, 예를 들어 그 일을 통해 다른 사람을 돕고 싶다는 등의 이유를 찾아야 한다.

당신 일생의 과업, 즉 천직이나 소명을 일찌감치 결정한 다음에는 이를 실현하기 위해 다른 모든 퇴로를 불태워 버려야 한다. 이 일생의 과업은 인생의 명확한 중점 목표이거나 목표를 직접적으로 뒷받침하는 것이어야 한다. 힐은 이렇게 말했다. "당신이 세상 그 누구보다도 더 잘할 수 있는 일이 있다. 그 특별한 분야가 무엇인지 알아낼 때까지 탐색하고, 그 일을 당신의 명확한 중점 목표로 삼은 다음, 할 수 있는 모든 힘을 모아 이길 거라는 믿음을 가지고 공략하라."

일생의 과업을 결정할 때는, 부를 얻는 정직한 방법 두 가지가 있음을 명심하라. 당신은, 누구라도 기꺼이 비용을 내고자 하는 서비스를 제공할 수 있다. 혹은 제품을 제공할 수 있다. 여기서 잠깐, 세상을 바꾸었던 혁신적인 아이디어들을 한번 떠올려 보자. 전구를 발명한 토머스 에디슨, 전화기를 만든 알렉산더 그레이엄 벨, 그리고 스티브 잡스, 빌 게이츠, 일론 머스크 등 기술 분야 종사자들은 우리가 세상을 더 편하게 살 수 있도록 만들어 주었다.

서비스 산업도 예외는 아니다. 페덱스Federal Express 창업자 프레더릭 스미스Frederick Smith의 사례를 보자. 스미스의 아이디어는 각 장소에서 소포를 수거해 중앙 집결지로 가져온 뒤 재분류해서 하루 만에 배송을 완료하는 것이었다. 그는 대학 시절 논문을 작성해 이 아이디어를 발표했지만, 담당 교수는 그다지 인상 깊게 생각하지 않았다. 하지만 오늘날 페덱스는 수십억 달러의 가치를 지닌 세계적인 기업이 되었다. 또, 레이 크록Ray Kroc은 식품 산업의 성장 기회를 보고, 작은 패스트푸드 식당을 매입했다. 크록의 리더십 아래, 그 작은 식당은 세계적인 패스트푸드 체인으로 빠르게 성장했다. 그곳이 바로 맥도널드다.

전에 없던 새로운 제품을 만들어 수십억 달러 규모의 시장을 개척하는 사람들이 있는가 하면, 기존 사업을 개선하고 확장하는 사람들도 있다. 어떤 방법이든 최대치의 결과를 얻으려면 아이디어, 노력, 헌신, 끈기가 필요하다. 다음 질문을 자신에게 던져보자. "사람들이 원하는 게 무엇일까? 어떻게 해야 더 좋은 제품, 더 저렴한 비용, 더 나은 서비스를 제공해서 지속적인 구매를 유도할 수 있을까?" 일단 사람들이 무엇을 원하고 필요로 하는지 파악하면, 소비자에게 그것을 제공할 방법을 결정해야 한다.

사람들의 요구를 충족시키기 위한 계획을 세운 후에는 여러 수단을 통해 고객의 요구 사항을 만족시켜야 한다. 가격 경쟁력은 소비자에게 구매 동기를 부여하며, 높은 품질 또한 소비자를 유인할 수 있는 요인이다. 신뢰할 수 있는 서비스도 간과해서는 안 된다. 제품과 서비스를 제대로 마케팅하면, 더 많은 잠재 고객이 상품을 구매하려고 할 것이다.

자신의 사업을 하든 조직을 위해 일하든, 당신의 상상력을 활용하여 명확한 중점 목표를 달성할 수 있는 확실한 길을 찾아야 한다. 힐은 "성공하는 데 필요한 것은 하나의 건전한 아이디어뿐"이라고 격려한다. 즉, 부자가 되기 위해 꼭 엄청난 자원이 필요하지는 않다. 또한 창출할 수 있는 부의 양에는 제한이 없다. 어떤 사람들은 부를 많이 축적한 사람들 때문에 다른 사람들이 부를 쌓을 수 없다는 잘못된 생각을 한다. 부자들이 자신의 돈을 가져갔다고 여기는 것이다. 하지만 이런 생각은 오래전부터 이어져 온 파괴적인 사고이자 완전히 잘못된 관점이다. 당신은 열망하는 것을 창조할 수 있다.

◆―――――◆

"상상은 창조의 시작이다. 우리는 원하는 것을 상상한다.

그러면 우리는 상상한 대로 살 것이며,

결국 원하는 것을 창조하게 될 것이다."

― 조지 버나드 쇼George Bernard Shaw

◆―――――◆

지금은 대형 금융 지주사에 속한 한 은행의 대표로 내가 부임했을 당시, 저축과 대출업 상황이 매우 안 좋았다. 당시 미국 연방 정부는 은행 수백 곳을 폐쇄하는 중이었다. 인플레이션이 만연했고, 예금 금리는 20%, 주택 담보 대출은 고정 금리 9%대였다. 내가 부임하려던 은행은 수백만 달러 적자를 내고 있던 상태여서 문을 닫을 위기에 처해 있었다. 하지만 내가 은행장이 되던 해 9만 달러를 벌었고, 이후 18년 동안 수백만 달러를 벌었다.

은행이 돈을 벌지 못했기 때문에 직원들의 연봉은 몇 년간 동결 상태였다. 나는 이사진 중 한 명이었던 최대 주주에게 직원들의 임금 인상을 제안했다. 그 최대 주주는 "지금은 우리가 돈을 벌고 있지만, 그동안 누적된 손실이 엄청나게 커서 임금을 인상하기는 무리예요. 파이가 너무 큽니다"라고 말했다. 그래서 나는 "우리는 계속 더 큰 파이를 만들어 나갈 겁니다"라고 대답했다. 더 말할 필요도 없이, 임금은 인상되었다. 18년간 내 주요 목표는 파이를 더 크게 만드는 거였다. 그래서 나는 나를 위한 임금 인상이나 새 차, 상여금, 컨트리클럽 회원권 같은 어떤 특혜도 요구하지 않았다.

이 이야기에서 알 수 있듯이, 창출할 수 있는 부의 양에는 한계가 없다. 즉 우리에게 필요한 것은 상상력과 열망 그리고 실행뿐이다.

주도적으로 행동하라

일생의 과업이 무엇인지 찾았다면 이를 수행할 수 있는 직책을 얻거나 만들기 위해 노력해야 한다. 도중에 선회할 수 있는 기회가 올 거라고 막연하게 가정하면서 당신의 명확한 중점 목표로 이어지지 않는 길을 계속 고집하면 안 된다. 많은 사람이 미루는 버릇 때문에 골머리를 앓지만, 부자들은 마음은 천천히 바꾸되 빠르게 실행하는 자기 주도성을 길러왔다.

명확한 목적을 가지고 일하면 자기 주도성을 계발할 수 있다. 힐은 "명확한 목적을 가지고 일하는 습관은 당신이 신속하게 의사결정을 하는 습관을 길러줄 것이며, 이 습관은 당신이 하는 모든 일에 도움이 될 것이다"라고 설명한다.

"일에 습관이 붙으면 이미 반은 성공한 것이다."

— 사라 A. 볼튼Sarah A. Bolton

몇 년 전 90세의 나이로 세상을 떠난 엘시는 1921년에 태어났다. 엘시는 16남매 중 한 명으로, 그녀의 어머니는 엘시가 겨우 7살일 때 돌아가셨다. 엘시의 아버지는 재혼하지 않은 채, 자녀들이 태어난 버지니아 남서부의 외딴 산악 지대에 있는 오래된 통나무집에서 계속 살았다. 엘시의 오빠와

언니 몇 명이 가족들을 함께 돌보았다. 어머니의 사랑과 조언이 없는 상황에서 엘시는 빈곤한 삶을 살 수도 있었다.

엘시는 그녀가 학교에서 받을 수 있는 최대 교육인 중학교 1학년까지 학교에 다녔다. 14살이 되기 전, 엘시는 본인과 마찬가지로 중학교 1학년에 학교를 중퇴한 18살 남자와 결혼하기로 했다. 엘시의 남편은 하루에 몇 달러밖에 벌지 못하는 탄광 광부였다. 가족들의 도움이나 공공복지 지원을 받지 못한 채, 엘시는 16살이 되기도 전에 아이를 가졌다. 그리고 27살에 다섯 번째 아이를 낳았다. 엘시의 다섯 아이는 모두 훌륭하게 자랐고 지역 사회, 심지어 다른 나라를 위해서도 좋은 일을 많이 했다. 엘시와 그녀의 남편에게는 어떠한 자질이 있었기에 다섯 자녀를 훌륭하게 키울 수 있었을까?

엘시는 자기 훈련의 가치를 잘 알고 있었다. 그녀는 종종 "자신을 스스로 단련하는 법을 배운다면, 다른 사람들은 그렇게 할 필요가 없을 것"이라고 말하는 걸 좋아했다. 엘시는 80대 후반에도 집과 마당, 정원에 있는 꽃들을 돌봤고, 언제 어떻게 유지 보수를 할지 생각하면서 세심하게 관리했다. 하루는 엘시가 손자에게 몇 시에 잔디를 깎으러 올 거냐고 물었다. 손자는 "할머니, 아침 10시에 갈게요"라고 대답했다.

다음날 손자는 10시 15분에 할머니로부터 걸려온 전화를 받았다. "오전 10시에 여기 있을 거라고 생각했는데?" 엘시는 놀라울 만큼 자기 관리에 철저했고 각종 청구서 관리를 비롯한 집 안팎의 일들을 신속하게 처리했다. 예배, 바느질 모임, 숙박 체크인 등 어디서든지 시간을 정확히 준수했고, 보통은 조금 더 일찍 도착했다.

엘시는 강한 신념을 가진 사람이자 자신감이 넘치는 사람이었다. 그 강한 신념 덕분에 그녀는 좀 더 살기 좋은 세상을 만드는 데 일조하며 성공적인 삶을 살 수 있었다. 그리고 자신이 살아온 원칙을 후세가 배울 수 있도록 유산으로 남겼다. 엘시가 죽었을 때 집과 차 대출은 완납한 상태였으며 어떤 빚도 남아 있지 않았다. 70대 초반에 남편을 먼저 떠나보냈음에도, 순자산만 수십만 달러가 넘었고 교회와 여러 자선 단체에 매달 꾸준히 기부했다. 엘시의 삶을 어떻게 그렇게까지 자세하게 알고 있느냐고 묻는다면, 그녀는 바로 사랑하는 내 어머니이기 때문이다.

경제적 자유를 얻으려면 자기 훈련을 해야 한다. 일하는 습관이 몸에 배도록 하고, 인생에서 앞서 나가기 위해 자기 주도성을 발휘해야 한다. 미루거나 그저 그런 일을 하는 것

부를 이끄는 생각의 그릇

은 도움이 되지 않는다. 힐은 "모든 부는 아이디어에서 시작된다"라고 썼지만, 아이디어를 실현하기 위해서는 행동이 필요하다.

다음은 주도적이고 리더십을 갖춘 사람이 되기 위한 힐의 법칙이다.

◆————◆————◆

나폴레온 힐의 주도적이며 리더십을 갖춘 사람이 되기 위한 법칙

일생의 과업을 명확한 목표로 선택한 나는, 이제 이 목표를 현실로 만드는 것이 나의 의무임을 이해한다. 그러므로 명확한 중점 목표 달성에 한 걸음 더 다가갈 수 있도록 날마다 확실한 행동을 취하는 습관을 기를 것이다.

어떠한 일이든 미루는 행동은 지도자가 될 사람들의 치명적인 적이라는 사실을 알고 있으므로, 다음과 같은 방법으로 미루는 습관을 없앨 것이다.

1. 누가 시키지 않아도 해야 할 일 하나를 매일 확실하게 하기.
2. 다른 사람에게 가치를 제공하는 일 중 보수를 기대하지 않고, 아직 습관이 되지 않았지만 내가 매일 할 수 있는 일을 적어

도 한 가지 이상 찾을 때까지 주위를 둘러보기.

3. 누가 시켜서가 아니라 해야만 해서 하는 이 습관을 실천하는 일의 가치를 날마다 적어도 한 사람에게 이야기하기.

우리 몸의 근육은 사용할수록 더 단단해진다. 주도적인 습관도 근육과 같아서 실천할수록 더 확고한 습관이 된다.

주도적인 습관 기르기는 내 일상과 관련된 작고 흔한 일들에서부터 시작한다는 것을 깨닫는다. 따라서 꼭 필요한 주도성 습관을 개발하겠다는 목적을 갖고 매일 나의 일을 할 것이다.

일상 업무와 관련해서 솔선수범하는 습관을 실천함으로써 그 습관을 기를 뿐만 아니라, 내 노력에 가치를 두는 사람들의 관심을 끌 수 있다는 것을 안다.

서명 _____

기대를 뛰어넘어라

사람들이 기대하는 것 이상으로 열심히 일하는 습관, 즉

강한 직업 윤리는 탁월한 성공을 거두는 비결이다. 다른 어떤 원칙도 이보다 더 빨리 당신이 출세하도록 돕지 못할 것이다. 기대 이상으로 일한다는 것은 시키지 않은 일도 하는 것, 명확한 지시가 없어도 그 일을 하는 것, 그리고 긍정적인 마음가짐으로 일하는 것을 말한다. 능력 있는 직장인이나 성공한 사업가는 기대 이상의 서비스를 제공하는 것의 가치를 이해하고 있다. 다만 그 누구도 힐보다 그 가치를 더 잘 이해하지는 못할 것이다. 힐은 석탄 산업의 최강자였던 루퍼스 에이어스에게 다음과 같이 편지를 쓴 후에 첫 직장을 얻었다고 설명한다.

에이어스 사장님께,

제가 이제 막 비즈니스 과정을 마치고 귀하를 첫 번째 고용주로 선택했다는 소식을 들으면 기뻐하실 겁니다. 저는 다음과 같은 조건으로 사장님을 위해 일하고자 합니다. 3개월 동안 귀사에서 일하며, 원하시는 만큼의 월급을 사장님께 드리겠습니다. 3개월 뒤에 사장님이 저를 계속 고용하길 원하시면 제가 드린 만큼의 월급을 제게 주십시오. 하지만 그동안에는 제가 귀하에게 드릴 급여를 외상으로 달아놓는 것을 허락해 주십시오. 3개월 뒤에도 저를 계속 고용하신다면 사장님께서 제게 주실 돈으로 그 외상값을 받아가실 수 있습니다.

감사합니다.

나폴레온 힐 드림

에이어스는 힐을 고용했다. 힐은 매일 아침 일찍 출근해서 늦게까지 일했으며, 옷도 깔끔하게 잘 차려입었다. 힐은 자신이 제공하는 서비스보다 훨씬 더 큰 금전적 보상을 받을 거라고 명시하는 보상 증가의 법칙을 굳게 믿었다. "자신이 받는 돈보다 더 많은 일을 제대로 해내는 습관을 실천하지 않고는, 누구도 어떤 분야에서든 진정한 지도자가 될 수 없다"라고 힐은 설명했다. 힐은 에이어스의 회사에서 승진을 거듭하며 일과 사업에서 큰 성공을 거둠으로써 노력에 대한 보상을 받았다.

웨스트버지니아 주의 하원 의원이었던 제닝스 랜돌프 Jennings Randolph도 기대를 뛰어넘는 것의 중요성을 잘 알고 있었다. 그는 의회가 열리지 않는 기간에도 자신의 선거구를

부를 이끄는 생각의 그릇

위해 여러 업무를 처리하고자 여름 내내 워싱턴 D.C. 사무실에 남아서 일했다. 아무도 랜돌프가 그렇게 할 거라고 예상하지 못했다. 꼭 해야 하는 일이 아니었기 때문이다. 게다가 그런 추가적인 노력에는 어떠한 금전적 보상도 없었다. 하지만 캐피털 항공의 사장은 맡은 일을 기대 이상으로 하는 랜돌프를 존경했고, 그에게 사장 보좌와 홍보 책임자 자리를 제안했다. 이후 랜돌프는 큰 성공을 거뒀고 강력한 네트워크를 구축할 수 있었다. 힐은 그가 성공할 수 있었던 이유에 대해 이렇게 말했다. "랜돌프는, 우리가 다른 사람을 위해 어떠한 일을 하는 것은 결국 나 자신을 위해 하는 것과 같다는 사실을 알고 있었다. 비록 그 보상이 반드시 우리가 힘을 쏟은 분야에서 돌아오지 않더라도 말이다."

◆——————◆

"우리가 다른 사람에게 혹은 다른 사람을 위해 일하는 것은,

결국 나 자신을 위해 일하는 것과 같다."

— 나폴레온 힐

◆——————◆

많은 사람들이 자신의 현재 위치에서 변화를 시도하지도 않으면서 승진이나 임금 인상을 기대한다. 하지만 승진을 하려면 현재 받는 임금 수준 이상으로 열심히 일해야 한다. 지금 열심히 일한다면 보상이 뒤따를 것이다. 하지만 즉각적인 보상을 기대하거나 요구해서는 안 된다. 힐은 1947년에 했던 "기대를 뛰어넘어라"라는 강의에서 이 원칙에 따라 '돈을 벌기로' 결심했던 한 수강생의 이야기를 들려주었다. 그 수강생은 사장에게 일요일에도 나와서 일을 해도 되겠냐고 물었다. 사장은 크게 신경 쓰지 않았다. 하지만 그 수강생은 한 달 동안 일요일마다 근무한 후, 1.5배의 휴일 초과 근무 수당을 고용주에게 청구했다. 수강생은 이 원칙의 요점을 완전히 잘못 이해했던 셈이다.

노력한 부분에 대해 직접적 혹은 즉각적인 금전 보상을 요구하지 않으면서, 사람들이 기대한 것 이상으로 일한다면 당신은 다른 사람들에게 없어서는 안 될 존재가 될 수 있다. 때로는 랜돌프처럼 자신이 노력을 쏟지 않은 분야에서 기대하지 않은 보상을 받을 수도 있다. 추가적인 노력을 했을 때, 현재 몸담은 조직에서 승진이나 연봉 인상 등의 보상을 받지 못한다고 해도, 다른 회사나 다른 업계에서 더 좋은 직위와

부를 이끄는 생각의 그릇

연봉을 보장받을 수 있는 인맥과 기술을 구축하게 될 수도 있다.

정직하고 근면한 노력은 항상 열매를 맺는다. 『바빌론 부자들의 돈 버는 지혜』에 나온 부유하고 존경받는 상인 샤루 나다는 노동의 가치에 대한 깨달음이 어떻게 그를 노예 상태에서 벗어나 상인의 길로 가게 했는지 회상한다. 샤루 나다가 새로운 주인을 만나기 위해 바빌론 노예 시장으로 가는 길에, 동료 노예인 메기도는 일의 가치를 열렬히 옹호하며 이렇게 말했다.

"어떤 사람은 일을 싫어해. 마치 원수처럼 생각하지. 하지만 일을 친구처럼 대하며 좋아하려고 노력하는 게 좋아. 힘들어도 개의치 말고 말이야. 자네가 아주 좋은 집을 짓는다고 상상해 보게. 기둥이 아무리 무거워도 다 나를 것이고, 회반죽을 칠 우물이 아주 멀리 있어도 물을 길어오지 않겠나? 나와 약속 하나 하게. 새로운 주인을 만나면 그를 위해 최선을 다해 일하기로 말일세. 주인이 자네가 하는 일을 인정하지 않더라도 상관하지 말게나. 무슨 일이든 최선을 다하면 결국 자네에게 도움이 된다는 것을 잊지 말게. 언젠간 보상받게 될 거야."

일은 사회적 지위를 향상하는 데 중요한 자기 훈련, 지략, 자존감 등의 자질을 길러준다. 샤루 나다는 메기도의 조언을 받아들였고, 여전히 노예 신분이었음에도 불구하고 자유로운 생활을 할 수 있었다. 어느 날, 샤루 나다의 직업 윤리를 잘 알고 있던 상인 하나가 "그토록 열심히 일하는 이유가 뭔가?"라고 그에게 물었다. 그러자 샤루 나다는 "일은 자유를 사기 위한 돈을 모을 수 있게 해주기 때문에 가장 소중한 친구"라고 대답했다. 질문을 했던 상인은 결국 샤루 나다의 자유를 사들여 그를 노예 신분에서 벗어나게 해주었고, 자신이 운영하는 수익이 꽤 괜찮았던 사업의 동업자로 삼았다. 그렇게 노예 신분을 벗어난 샤루 나다는 결국 존경받는 시민이 될 수 있었다.

노예 시절, 샤루 나다는 자신이 해야 할 일을 정오까지 모두 마친 뒤 남은 시간에는 케이크를 구웠다. 그렇게 구운 케이크를 바빌론 거리에서 팔면서 추가로 돈을 벌었다. 샤루 나다의 행동에서, 기업가 정신뿐만 아니라 하찮은 노동을 계속하면서도 긍정적인 마음가짐을 유지했던 점에 주목할 필요가 있다. 마지못해 꾸역꾸역 더 일하는 실수를 저지르지 말라. 일을 억지로 하면 보상 증가의 법칙이 당신의 노력에

부를 이끄는 생각의 그릇

대해 보상을 제공하지 않는다. 따라서 나에게 돌아올 당장의 이득에만 초점을 맞추지 말고, 유용한 서비스를 수행하는 특권을 누리겠다는 자세를 갖는 게 좋다.

자신이 원하는 것을 정확히 알고, 그것을 달성하는 데 필요한 일을 할 수 있도록 마음을 훈련하라. 그러면 그 목적을 향해 노력을 쏟아붓게 되면서 그 이상을 해내는 습관이 자연스럽게 몸에 배게 될 것이다. 그리고 가난에 잠식당한 마음과 미루는 병을 없애라. 그 나쁜 버릇들을 성공하겠다는 마음과 자기 주도성으로 대체하여, 명확한 중점 목표를 마음에 깊숙이 심어야 한다.

◆———◆

"자기 일에 진심으로 흥미를 느끼지 못하는 사람을 보면
안타깝다. 그 사람은 결코 만족하지 못할 뿐만 아니라,
가치 있는 것을 성취하지도 못할 것이다."

— 월터 크라이슬러Walter Chrysler

◆———◆

사소한 일에도 최선을 다하고 부업을 고려하라

명확한 중점 목표가 아닌 일에 오랜 기간 매이고 싶지 않겠지만, 성공은 긴 여정이며 더 큰 목표를 달성하기 위해서는 시시해 보이는 일도 해야 할 때가 있다는 사실을 알아야한다. '소중한 목표를 향해서 한 걸음이라도 나아갈 기회가 된다면, 아주 하찮은 일부터 시작해도 만족했던' 에드윈 반스를 떠올려 보자. 그는 자신이 원하는 대로 승진시켜주지 않으면 그만두고 이직하겠다는 조건을 내걸면서 말단 직원 자리를 수락한 게 아니다. 에디슨의 동업자가 될 수만 있다면, 어디서든 일을 시작하고 필요한 일이라면 무엇이든 하기로 마음먹었을 뿐이다.

실용적인 계획에는 원하는 곳에 도달할 수 있도록 도와주는 작은 단계들이 있다. 마틴 루터 킹 Martin Luther King Jr. 목사는 이렇게 말했다. "첫 계단을 오르기 위해 계단 꼭대기까지 다 볼 필요는 없다. 그저 한 걸음 오르면 된다." 킹은 향후 어떤 길이 펼쳐질지 알 수 없더라도 당신의 '내면의 눈'을 사용하여 스스로를 인도하라고 말한 것이다.

성공하기 위해서 돈 쓰는 것을 아까워하지 말라. 내 친구인 고故 지그 지글러Zig Ziglar는 당신이 해야 할 일은 '대가를 치르는 것뿐'이라고 말하며 이를 지지한 바 있다. 대가를 치른다는 말의 의미는, 자신이 세운 인생 목표에 도달하기 위해 해야 할 일을 하는 것을 의미한다. 예를 들어, 외과 의사가 되고 싶다면 가능한 빨리 의사가 되기 위해 해야 할 일들을 알아내야 한다.

성공한 사람은 대부분 말단 직원에서부터 경력을 시작했다. 월마트의 전 대표이자 최고 경영자였던 빌 사이먼Bill Simon은 "제가 처음으로 한 일은 시급 2.1달러를 받으며 식당에서 설거지를 하는 거였습니다. 대단한 일은 아니었지만, 첫 직업으로는 상당히 좋았어요"라고 말했다. 사이먼은, 저임금을 받는 소매업과 서비스업은 직원들을 더 나은 급여를 받을 수 있도록 훈련하는 과정이라고 생각한다. 실제로 사이먼은 200만 명이 넘는 직원을 고용하고, 4천 억 달러의 순자산을 가진 월마트의 최고 경영자 자리에 오르기까지 많은 단계를 거쳤다. 월마트를 떠나기 전 사이먼의 연봉, 스톡옵션을 비롯한 그가 받은 여러 혜택은 연간 거의 천만 달러에 달했다.

당신이 빌 사이먼 같은 직업이나 직급을 갖지 못할 수도 있지만, 그걸 훨씬 뛰어넘을 수도 있다. 그를 능가하지 못한다고 해도, 돈을 적게 버는 낮은 직위에서 더 나은 급여를 받는 높은 직책으로 가는 동안 여러 단계를 분명히 밟게 될 것이다. 기억해야 할 점은 당신이 거친 각 직업이 성공을 향해 올바른 방향으로 나아가는 단계가 될 수 있다는 사실이다. 물론 그 결정은 당신에게 달려 있다.

당신의 직업에서 성공하는 데 필요한 노력과 시간을 투자하라. 원하는 자리를 얻는 데 요구되는 비용과 단계를 파악하고 기꺼이 그것을 부담하라. 궁극적으로 원하는 자리에 갈 수 있도록 분명한 길을 열어줄 고용 기회를 찾아라. 받는 월급보다 더 많은 일을 수행하는 습관을 갖고, 조직 안팎에서 네트워크를 구축하라. 지금 당신이 있는 자리를 존중할 만한 가치가 있다고 여겨라. 왜냐하면 그 자리가 주요 열망을 향해 한 발짝 더 다가가게 하는 역할을 해줄 수 있기 때문이다. 그 일을 하는 데 모든 것을 쏟아붓고, 할 수 있는 걸 남김없이 다하라. 자기 주도성을 키우면서 발전할 기회를 주시하고, 기회가 오면 즉시 잡아라. 목표에 집중하고, 원하는 위치보다 낮은 자리에 계속 머무르지 마라. 주어진 디딤돌에 감사하라. 하지만, 현상을 계속 유지하는 데 만족하지 말고, 발전 기회를 계속 찾아보면서 나아갈 기회가 있는지 반드시 확인하라.

> "정상에 오른 사람들은 그들이 가진 모든 에너지와
> 열정을 쏟아부어 주어진 일을 열심히 수행한 사람들이다."
>
> ─ 해리 S. 트루먼 Harry. S. Truman

또한 부업을 하는 게 성공을 향한 여정에 어떤 도움이 될지 고려해 보는 것도 좋다. 퇴근 이후나 주말 시간을 활용해서 하고 싶었던 일을 시작한다면, 그 분야에 살짝 발을 담가볼 수 있다. 그러면 해당 분야에 대해 배울 수 있고, 노력을 수익화하는 방법까지 찾는다면 추가 수입을 얻는 데 도움이 될 것이다. 부업이 명확한 중점 목표와 관련이 없는 일이라고 해도, 추가로 일을 하면 더 빨리 부자가 될 수 있다. 이베이에서 물건을 팔고, 우버 운전기사로 일하거나, 도어대시나 인스타카트 같은 포장 음식, 식료품 구매 대행 및 배달 서비스 등의 부업에 눈을 돌려 월수입을 두세 배 늘린 사람도 많다.

중점 목표를 마음에 품고 매사에 긍정적인 자세로 임한다면, 겉보기에 하찮아 보이는 일이라도 당신을 위대한 길로 나아가게 할 수 있음을 깨닫게 될 것이다.

- 안정을 추구하면서 부자가 되는 지름길을 찾는 건 매우 어렵다. 그래서 명확한 중점 목표를 달성할 수 있도록 충분한 수입을 창출하면서 의미 있는 일을 찾는 게 매우 중요하다.

- 많은 사람이 명확한 목표나 계획을 세우지 않은 채 주어진 첫 일자리를 그냥 받아들이기 때문에 성공하지 못한다. 당신의 성격, 성향, 보유 기술을 파악하고 일생의 과업 혹은 주요 소명을 결정하기 위해 당신의 주요 열망과 비교해 보라.

- 정직하게 부자가 될 수 있는 두 가지 방법이 있다. 사람들이 기꺼이 비용을 내고자 하는 서비스 혹은 제품을 제공하는 것이다. "사람들이 원하는 게 무엇일까? 어떻게 해야 더 좋은 제품, 더 저렴한 비용, 더 나은 서비스를 제공해서 지속적인 구매를 유도할 수 있을까?"와 같은 질문을 스스로에게 해보자.

- 한 사람이 벌 수 있는 돈의 액수는 제한이 없다. 소수의 사람이 아주 많은 돈을 가지고 있다고 해서 다른 사람이 벌 수 있는 돈의 액수가 더 줄어드는 것은 아니다.

- 자기 주도성은 생각을 행동으로 바꾸는 열쇠다. 일하는 습관을 들이고 자기 훈련을 하면서 인생에서 앞서 나가라.

- 기대 이상으로 일한다는 것은 시키지 않은 일도 하는 것, 명확한 지시가 없어도 그 일을 하는 것, 그리고 긍정적인 마음가짐으로 일하는 것을 말한다. 그렇게 일해야 하는 이유는 다음과 같다.
  - 보상 증가의 법칙은 당신에게 유리하게 작용한다.
  - 자기 계발 기회를 제공하며, 친절을 베푸는 사람들의 호의적인 관심을 끌 수 있다.
  - 다양한 관계에서 당신은 꼭 필요한 존재가 될 수 있으며, 평균 이상의 보상을 받을 수 있다.
  - 당신이 선택한 직업에서 더 많은 역량과 기술을 개발할 수 있다.
  - 실직에 대비하고, 직업과 근무 조건을 선택할 수 있는 위치를 얻을 수 있으며, 새로운 기회를 끌어당긴다.
  - 대부분의 사람들이 이 습관을 실천하지 않고, 아무것도 하지 않으면서 이익을 얻으려 하며, 이 습관과 반대로 행동한다. 그래서 당신은 대조의 법칙에 따라 반사 이익을 얻을 수 있다.
  - 기분 좋고 즐거운 마음을 갖게 해준다.
  - 예리한 관찰력과 기민한 상상력을 길러준다.
  - 자기 주도성을 길러주고, 일을 미루는 습관을 없애는 데 도움을 준다.
  - 자신감을 높여준다.
  - 다른 사람들이 당신의 성실함과 능력을 신뢰할 수 있게 해준다.
  - 목표를 확실하게 이룰 수 있도록 돕는다. 목표가 없다면 성공을 기대할 수 없다.

- 명확한 중점 목표에 디딤돌이 될 수 있는 자리를 시시해 보인다는 이유로 절대 평가 절하하지 마라. 성공하려면 더 큰 목표를 위해 하찮은 일을 해야 할 때가 종종 있다.

- '부업'을 하면 성공하는 데 어떤 도움이 될지 고려해 보라. 궁극적으로 하고 싶은 일을 조금이나마 경험해 볼 수 있고 혹은 추가로 돈을 벌어서 더 빨리 부자가 될 수도 있다.

◇ 자신에게 가장 적합한 일을 찾는 데 관련이 있는 성격 특성, 타고난 성향 및 보유 기술 등을 서술해 보자. 만약 성격 검사나 직업 적성 검사를 받은 적이 있다면 그 결과를 자유롭게 적어보자.

_____

_____

_____

_____

_____

◇ 앞서 서술한 세부적인 정보들을 바탕으로 생각해 볼 때, 당신이 탁월하게 잘하면서 '동시에' 즐길 수 있는 일은 무엇인가? 창의력을 발휘해서 이런 특성과 기술이 필요한 모든 직업과 분야를 나열해 보자.

_____

_____

_____

_____

_____

◇ 앞의 질문에서 나열한 직업이나 분야 중 어떤 면에서든 당신의 명확한 중점 목표와 연결되는 게 있는가? 어떤 것이 일생의 과업이 되어야 하는지 결정하면서 그 이유를 설명해 보자.

_____

_____

_____

_____

_____

◇ 보수도 없고 아무도 시키지 않았지만 당신이 매일 해야 할 일을 한 가지 찾아냄으로써 자기 주도성을 높여라. 그러한 사항을 충족하는 일 중에서 이번 주에 할 수 있는 일 다섯 가지를 적어보자.

∘ _____

∘ _____

∘ _____

∘ _____

∘ _____

◇ 당신의 삶에서 한 단계 더 나아갈 수 있는 분야는 무엇인가? 전문적인 일인가? 재정 분야인가? 어떻게 하면 원하는 분야에서 기대를 뛰어넘는 성과를 낼 수 있을지 생각해 보자.

_____

_____

_____

_____

_____

◇ 당신이 가진 기술이나 자원 중 매달 추가 수입을 올리거나 궁극적으로 하고 싶은 일로 전환하는 데 도움이 될 만한 것은 무엇인가? 당신이 할 수 있는 부업 중 더 빠른 속도로 돈을 벌 수 있으며 새로운 분야에서 경험을 쌓는 데 도움을 줄 수 있는 일을 찾아보자.

_____

_____

_____

_____

_____

YOUR MILLIONAIRE
M I N D S E T

5

교육

❋

돈 버는 법을 배워라

◆ ◆ ◆

학문을 통해서만 배우는 사람은 없다.

평균 이상의 삶을 중점 목표로 삼는다면

가능한 모든 출처로부터,

특히 당신의 목표와 관련한 지식을

얻을 수 있는 곳에서

지속적으로 배움을 추구해야 한다.

— 나폴레온 힐, 『긍정적인 정신 자세: 성공의 과학PMA: Science of Success』

◆ ◆ ◆

미국에서 가장 오래된 투자 회사 중 하나인 힐리어드 라이언스Hilliard Lyons의 투자 담당자 마이크 패럿은 수년 전 헌책방에서 『생각하라 그리고 부자가 되어라』 1937년 판을 샀다. 지금은 수천 달러에 팔리고 있는 그 초판을 놀랍게도 겨우 1달러를 내고 손에 넣었다. 책의 원래 주인은 금전적인 면에서나 교육적 가치 면에서 그 책의 진가를 전혀 알지 못했을 것이다. 마이크는 수시로 『생각하라 그리고 부자가 되어라』를 읽고 있으며, 책에서 얻은 지식을 활용해서 계속 부를 축적하고 있다. 그는 힐의 성공 원칙을 배우고 실천해서 잠재 수입을 크게 끌어올린 수많은 사람 중 하나이다.

제임스 가너와 아비게일 브레슬린이 주연으로 출연한 영화 「최고의 유산」의 원작을 포함하여 16권 이상의 책을 집필한 짐 스토발Jim Stovall은, 힐과 같은 전문가들에게 배우는 게 얼마나 가치 있는 일인지에 대한 글을 종종 쓴다. 얼마 전 짐과 대화를 나눌 기회가 있었다. 그가 말하길, 자신이 처음 일을 시작했을 무렵, 성공한 사람들에게 『생각하라 그리고 부자가 되어라』를 읽었냐고 묻곤 했다고 한다. 그러다 나중에는 "언제 그 책을 처음 읽으셨나요?"라고 물었다고 한다. 힐의 성공 원칙은 전 세계적으로 너무나 유명하다. 성공한 사업가, 사상가와 문화계 유명 인사들은 대부분 힐의 성공 원칙을 숙달하고 효과적으로 실천해서 성공에 다다랐다고 말한다.

이 책의 목적은 당신에게 결론을 제시하는 게 아니다. 신뢰할 수 있는 출처에 기반한 내용들을 읽고, 연구하고, 배우게 해서 당신이 더 나은 미래를 만들고자 할 때 가능한 한 좋은 결정을 내릴 수 있도록 돕는 게 목적이다. 성공하려면 자신에게 투자해야 하며, 가장 큰 투자는 배우는 것이다. 성공한 사람들은 돈 버는 법을 배운다.

응용 지식의 가치

배움에는 두 가지 유형이 있다. 하나는 교육 기관에서 배우는 정규 교육이고, 다른 하나는 경험과 독학으로 배우는 경험적 교육이다. 성공하기 위해서는 두 가지 모두 중요하다. 현대 사회에서는 정규 교육이 더 중요하게 인식되고 있지만, 한 유형이 다른 유형보다 더 본질적인 가치를 지니는 것은 아니다. 사실, 힐이 표현한 '인생이라는 대학' 즉, 산 경험보다 더 좋은 선생님은 없다.

하지만 요즘엔 대학 졸업장 없이 많은 임금을 받기가 예전보다 더 어려워졌다. 50년 전만 해도 힘든 육체노동을 요구하는 일이 많았기 때문에, 생계를 유지하기 위해 반드시 정규 교육이 필요하지는 않았다. 하지만 오늘날 정규 교육은 소득 역량을 키우고 안락한 삶을 영위하기 위해서 꼭 필요한 요소가 되었다. 1장에서 다루었던 돈이 필요한 이유 네 가지를 다시 생각해 보자. 교육을 받으면 그 네 가지 모두 달성할 기회를 더 쉽게 얻을 수 있다.

하지만 정규 교육이 돈을 더 쉽게, 더 많이 벌게 도와줄 수는 있지만, 반드시 그렇게 해준다는 보장은 없다. 현실에서 교육은 응용을 해야 한다는 점에서 종종 부를 축적하기 위한 '잠재적 에너지'로 여겨진다. 대학을 졸업할 때 보통 졸업식(commencement ceremony, 시작을 축하하는 행사)을 한다. 여기서 '커멘스먼트commencement'는 시작, 출발점이라는 의미다. 교육은 사람들이 기꺼이 비용을 내는 서비스와 제품을 만들기 위해서, 생각하는 법과 배운 것을 응용하는 방법을 가르쳐야 한다. 당신은 학교에서 배운 비판적 사고 능력을 업무에 적용함으로써 선택한 직업 분야에서 필요하거나 원하는 것을 충족시킬 수 있다. 즉, 당신이 교육을 통해 배운 내용들을 실생활에 얼마나 잘 응용하느냐가 성공의 크기를 결정한다.

『생각하라 그리고 부자가 되어라』에서 힐은 잠재 지식과 성공을 이끌어 내는 지식의 차이를 강조하기 위해 지식을 일반지식과 전문 지식으로 구분한다. 정규 교육 과정을 통해 얻을 수 있는 일반지식은 '부를 쌓는 데 거의 도움이 되지 않는'다. 한편 전문 지식은 '부를 쌓겠다는 명확한 목표를 달성하기 위해 실용적인 행동 계획으로 체계화되고 방향성이 부여된' 지식이다. 아는 것은 잠재되어 있는 것에 불과하므로, 지식을 확실한 행동 계획으로 체계화해서 명확한 목표를 향해 나아갈 수 있도록 활성화해야 한다. 따라서 습득한 지식을 구조화하고 활용하는 법을 알려주는 것이야말로 제일 좋은 교육이다.

"교육받은 사람이란, 꼭 일반지식이나 전문 지식이
풍부한 사람은 아니다. 교육받은 사람은 다른 사람의 권리를
침해하지 않고도 원하는 것이나 그에 상응하는 바를
얻어낼 수 있는 정신적 능력을 개발한 사람이다."

― 나폴레온 힐

하지만 대부분의 교육 기관에서는 이 기술을 가르치지 않는다. "학교에서는 성공의 원칙을 제외한 대부분을 가르친다. 4년에서 8년에 걸쳐 청년들에게 현실성이 떨어지는 학문을 파헤치고 추상적인 지식을 익히라고 요구하지만, 이 지식을 얻은 후에 어떻게 해야 하는지는 가르쳐 주지 않는다"라며 힐은 한탄한다. 정규 교육을 보완하려면 다른 사람의 생각을 수동적으로 받아들이기보다, 스스로 결정하고 독립적으로 사고하는 법을 배워야 한다. 스스로 선생님이 되어 공부를 해서 정보를 얻고, 다른 사람들과 공유해야 한다. 특히 자신의 마음이 어떻게 작용하고 어떤 부분에 민감하게 반응하는지 알아야 한다. 또한, 경험 학습을 제공하는 활동이나

프로젝트, 특히 실제 업무와 관련한 활동에 참여해서 지식을 늘리고 자신이 배운 것을 현실에 적용해야 한다.

응용 지식과 전문 지식의 가치를 아는 사람은 평생 배우는 사람이 되어, 분별력을 기르고 시야를 넓힐 새로운 기회를 항상 모색하게 된다. 힐이 꼽은 중요한 지식의 원천 다섯 가지는 다음과 같다.

1. 자신의 경험
2. 조력 집단 등 다른 사람과의 협력을 통해 얻을 수 있는 통찰력
3. 대학 교육
4. 공공 도서관
5. 전문 훈련 과정

여기에 책과 오디오북, 유튜브 영상과 팟캐스트도 추가할 수 있다. 명확한 중점 목표를 달성하기 위해 어떤 전문 지식이 필요한지 결정한 다음에는, 그 전문 지식을 얻을 수 있는 신뢰할 만한 출처를 하나 이상 찾아야 한다. 그리고 지식을 습득하고 나면 반드시 실용적인 계획으로 체계화해서 활용해야 한다.

"지혜는 학교에서 배우는 게 아니라, 평생 노력해서 얻는 것이다."

— 알베르트 아인슈타인

평생 배우는 사람이 되어라

힐은 『생각하라 그리고 부자가 되어라』에서 "성공한 사람들은 자신의 주요 목표, 사업이나 직업과 관련된 전문 지식을 끊임없이 배운다. 한편, 성공하지 못한 사람들은 대개 학교를 졸업하면 지식을 더 습득할 필요가 없다고 생각한다. 사실 학교에서 배우는 것은 실용적인 지식을 습득하는 방법만 배우는 것에 지나지 않는데 말이다"라고 설명한다.

평생 학습의 가치를 입증한 산 증인 중 한 명으로 W. 클레멘트 스톤Clement Stone을 꼽을 수 있다. 그는 100세의 나이로 사망할 때까지 수십 년간 나폴레온 힐 재단의 이사회 의장을 역임했다. 스톤은 3살 무렵에 아버지가 돌아가셔서, 시카고 사우스 사이드South Side에서 어머니와 친척들과 함께 지내야 했다. 어린 시절 그는 허레이쇼 앨저 Horation Alger의 소설 속 인물들의 인생 역전 이야기를 읽었고, 나중에는 성공에 관한 수백 권의 책도 섭렵했다. 이 책들은 스톤이 자신의 꿈을 현실로 만들 수 있다는 믿음을 키우는 데 엄청난 영향을 미쳤다.

스톤은 고작 6살 때부터 사우스 사이드 길거리에서 시카고 지역 신문 〈이그재미너 Examiner〉를 팔기 시작했다. 그러나 나이 많은 소년들은 신문이 잘 팔리는 길목에서 어린 스톤을 종종 쫓아냈다. 이 경험을 통해 스톤은 끈기와 규율의 중요성을 배울 수 있었다. 13살이 되던 해에는 자신의 신문 가판대를 가질 수 있었다.

스톤은 가까스로 고등학교를 졸업했지만, 그간 읽었던 성공담들은 그가 학교를 졸업한 후에도 책을 읽고 배우는 것을 계속하게 만드는 원동력이 되었다. 그는 늘 새로운 책을 읽고 다양한 사람들과 교류하며, 지식을 쌓고 시야를 넓힐 기회를 찾았다. 스톤이 독서를 좋아했다는 건 널리 알려져 있지만, 그가 출판사를 소유하고 있었다는 사실을 아는 사람은 거의 없다. 스톤은 죽기 전에 자신이 소유한 저작권을 나폴레온 힐 재단에 양도했다. 재단에 판권을 넘긴 작품 중에는 마틴 코헤 J. Martin Kohe가 쓴 『당신의 위대한 힘』이라는 짧은 책이 있다. 100페이지가 채 안 되는 분량이지만, 성공하기를 원한다면 반드시 배워야 할 교훈이 담긴 아주 강렬한 책이다. 특히, 우리는 날마다 선택해야 할 것들이 있고, 그 수많은 결정이 누적되어 삶의 질을 결정한다는 내용이 담겨 있다.

"부자들은 작은 텔레비전과 많은 책을 가지고 있지만,
가난한 사람들은 큰 텔레비전과 적은 책을 가지고 있다."

— 지그 지글러

미국의 투자자인 어빙 칸Ivring Kahn 역시 평생 교육의 가치를 잘 알고 있었다. 칸은, 그의 107번째 생일 하루 전날에 〈월스트리트 저널〉과의 인터뷰에서 지난 84년의 투자 경험에 대해 이야기했다. 그는 세계적으로 유명한 투자자이자 1949년 발간된 『현명한 투자자』의 저자인 벤저민 그레이엄Benjamin Graham의 제자이기도 하다. 인터뷰에서 칸은 신문, 잡지, 책을 매일 어떻게 읽고 있는지 말했다. 100세를 넘긴 고령임에도 그가 공부를 계속했다면, 우리 또한 그렇게 해야 한다. 배움

은 평생에 걸쳐 계속되는 과정이기 때문이다.

유명한 투자자이자 세계적인 부자 중 한 명인 워런 버핏도 교육에 대해 유사한 태도를 보인다. 훌륭한 투자자가 되기 위해 무엇을 해야 하냐고 묻는 17세 청년에게 오마하Omaha 의 현인♦은 이렇게 대답했다. "읽을 수 있는 모든 책을 읽으세요. 저는 열 살 때, 오마하 공립 도서관에 있는 책들 중 제목에 '금융finance'이라는 단어가 들어가 있는 책은 모조리 다 읽었어요. 두 번 읽은 책들도 있었죠." 나이가 들면서 버핏의 독서 습관은 점점 더 강화되었다.『워런 버핏의 오마하 성지 순례』의 저자 제프 매슈스Jeff Matthews는 "버핏은 50년이 넘게 투자하는 동안, 매년 수천 개의 재무제표와 연례 보고서를 읽습니다"라고 말했다. 이어서 "버핏의 초대를 받아 그의 제트 기에 탔던 친구와 지인들은, 버핏이 간단히 수다를 떨고 나서 책을 읽기 시작한다고 말했습니다.『워런 버핏 평전』시리즈 의 저자 앤드류 킬패트릭Andrew Kilpatrick이 버핏과 함께 책 사인회에 참석했을 때, 버핏은 '집에 읽어야 할 책이 50권 정도 있다'고 패트릭에게 말한 적이 있다고 합니다"라고 말했다.

♦   워런 버핏의 별명 중 하나로, 오마하는 버핏의 고향이다.

우리는 날마다 선택해야 하는 것들이 있다.

그 결정들이 쌓여서 우리 삶의 질을 결정한다.

성공을 이룬 스톤, 칸, 버핏 같은 사람들의 이야기를 통해 지속적인 학습의 필요성을 다시 한번 확인할 수 있다. 즉 정규 교육을 마친 이후에도, 해당 분야의 전문가들과 투자에 관한 권위자들, 자기 계발 및 전문성 개발에 관한 다양한 사상가들로부터 배움을 추구하고 독서를 해야 한다. 퓨 리서치 Pew Research 센터의 연구에 따르면, 미국 성인의 약 25%가 지난 1년간 책을 한 권도 읽지 않았다고 한다. 미국인들이 TV를 보고, 소셜 미디어 게시물들을 살펴보고, 지능을 저하하는 다른 활동들을 하는 데 보내는 시간을 한번 생각해 보라. 평균을 훨씬 웃도는 충만한 인생을 살고 싶다면 시간을 건설적으로 사용하는 법을 배워야 한다.

그러니, 책을 읽어라. 자기 계발을 하고 전문 교육 과정을 수강하라. 혹은 당신에게 새롭고 확장된 관점을 제공하는 사람들과의 생산적인 대화에 참여하라.

- 성공하려면 자신에게 투자해야 한다. 가장 큰 투자는 배우는 것이다.

- 배움에는 두 가지 유형이 있다. 하나는 교육 기관에서 배우는 정규 교육이고, 다른 하나는 경험과 독학으로 배우는 경험적 교육이다.

- 교육은 잠재적인 에너지 또는 잠재적인 힘으로, 효과적으로 사용하기 위해서는 체계적으로 활용을 할 줄 알아야 한다.

- 전문 지식은 명확한 목표를 가지고 실용적인 행동 계획으로 체계화한 지식이다. 반면 일반지식은 정규 교육 과정을 통해 얻을 수 있다. 돈을 버는데 필요한 것은 전문 지식이다.

- 대부분의 교육 기관에서는 돈 버는 데 필요한 기술을 가르치지 않는다. 따라서 독립적으로 사고하고, 다른 사람들과 지식을 공유하며, 배운 지식을 실제 업무와 관련된 프로젝트에 적용하는 등의 학습 활동을 통해 정규 교육을 보완해야 한다.

- 힐이 꼽은 중요한 지식의 원천 다섯 가지는 다음과 같다.
  - 자신의 경험
  - 조력 집단 등 다른 사람과의 협력을 통해 얻을 수 있는 통찰력
  - 대학 교육

− 공공 도서관

　　− 전문 훈련 과정

　그리고 요즘에는 책, 오디오북, 유튜브 영상, 팟캐스트 등을 통해서도 지식을 얻을 수 있다.

・ 학교를 졸업했다고 해서 더 이상 지식을 습득할 필요가 없는 게 아니다. 성공한 사람들은 평생 배우려고 하는 사람들이다.

・ 우리는 날마다 선택해야 하는 것들이 있다. 그 결정들이 쌓여서 우리 삶의 질을 결정한다.

◇ 명확한 중점 목표를 달성하기 위해 습득해야 할 전문 지식은 무엇인
가? 이 지식은 당신의 더 큰 계획에서 어떤 목표를 가지는가?

_____

_____

_____

_____

_____

◇ 이 장에서 다룬 내용을 참고하여, 당신이 필요한 지식을 얻을 수 있는
신뢰할 만한 원천이 무엇인지 결정하라. 당장 부채를 갚을 수 있을
정도의 잠재적인 소득 증가를 가져오는 게 아니라면, 가급적 추가로
빚을 내지 않아도 되는 출처를 찾는 게 좋다.

_____

_____

_____

_____

_____

◇ 평생 배우는 습관을 갖추기 위한 노력의 일환으로, 올해 참고할 만한 책과 오디오, 영상, 또는 참여할 수 있는 자기 계발 및 전문 교육 과정 등의 목록을 작성해 보자.

_____

_____

_____

_____

_____

_____

YOUR MILLIONAIRE
M I N D S E T

6

저축

❁

**좋은 습관이
찬란한 미래를 만든다**

◆◆◆

저축하지 않고 성공한 사람은 없다.
누구도 이 법칙에서 예외일 수 없다.

— 나폴레온 힐, 『성공의 법칙』

◆◆◆

개인적인 성장과 직업적 성취를 위해 다양한 선택을 하듯이, 우리는 수입을 어떻게 사용할 것인지도 선택한다. 버는 돈을 모조리 쓸 수도 있고, 미래를 생각하며 일부를 저축할 수도 있다. 우리는 지출과 저축을 어떻게 하는가에 따라 재정적으로 안정된 삶을 살 수도 있고 월급의 노예가 될 수도 있다.

농부는 저축의 중요성을 잘 안다. 내년에 또 옥수수를 수확하려면 봄에 뿌릴 씨앗을 남겨두어야 한다는 사실과, 추수한 것을 다 먹어버리거나 팔아버리면 안 된다는 사실을 잘 알고 있기 때문이다. 미래의 재정 상태는 농부의 잠재적인 수확에 비유할 수 있다. 미래에 대한 계획을 세우지 않으면, 인생의 가을에 수확을 기대할 수 없다. 돈은 농부의 씨앗과 같아서, 한 번에 다 써버릴 수도 있고, 미래를 위해 일부를 저축할 수도 있다. 이런 결정은 의식적으로 이루어질 수도 있지만 무의식적으로 일어나기도 한다. 당신은 자신의 인생을 스스로 개척해 나갈 수도 있는 반면, 아무것도 하지 않은 채 다른 사람이 당신 삶을 결정하도록 놔둘 수도 있다. 살면서 올바른 선택을 해왔다면 노년에 이르렀을 때 다음 세대에 좋은 본보기가 될 수도 있다. 혹은 자신의 삶을 돌아보며 "내가 …했더라면"이라고 후회하는 수백만 명 중 하나가 될 수도 있다. 그러니 지금 올바른 선택을 해야 나중에 후회하지 않을 것이다.

소득은 부를 쌓는 최고의 수단이지만, 벌어들인 돈의 액수보다 저축하는 능력이 더 중요하다. 나폴레온 힐은 자신의 책에 이렇게 썼다. "누군가 자신이 버는 돈의 일정 비율을 체계적으로 저축하는 습관을 지니고 있다면, 분명히 재정적인 독립을 이루게 될 것이다. 그러나 전혀 저축하지 않는다면, 아무리 수입이 많아도 결코 경제적으로 독립할 수 없을 것이다. 즉, 재정적 안정을 위해서는 돈을 잘 버는 것보다 지키는 것이 더 중요하다."

재정적 안정을 위해서는 돈을 잘 버는 것보다

지키는 것이 더 중요하다.

스스로에게 가장 먼저 투자하라

✦

내가 배운 첫 번째 교훈 중 하나는 저축에 관한 것이었다. 젊었을 때 나는 성공하기 위해 엄청난 노력을 했고, 부자가 되기 전에도 이미 부자가 된 내 모습을 상상하곤 했다. 1960 년대에 소규모 소비자 대출 사무소를 운영하던 시절, 나는 나보다 몇 살 위인 한 남자를 알게 되었다. 그는 '버드'라는 별명을 갖고 있었다. 나는 버드와 가까워지면서 자연스럽게 그의 재정 상황도 알게 되었다. 버드의 아내는 학교에서 아이들을 가르치는 괜찮은 직업을 가지고 있었는데, 부부의 경제적 상황은 그들의 수입과 비교할 때 훨씬 더 나은 상태였다.

버드는 월급을 받으면 저축하지만, 월급 일부는 본인을 위해 따로 빼놓는다고 설명했다. 그 말을 들은 나는 이렇게 말했다. "아, 원하는 대로 돈을 사용하고 싶어서 돈을 아내에게 다 주지는 않고 일부를 챙겨놓으시는 거군요."

그러자 버드가 웃으며 대답했다. "우리는 월급 대부분을 생활비, 주택 담보 대출, 아이들 대학 등록금으로 사용하는 당좌예금에 넣어요."

"버드, 여전히 잘 이해가 안 돼요. 미리 월급 일부를 따로 빼놓은 다음에 예금에 넣은 남은 돈으로 대출을 갚고 생활비로 사용한다면, 그 빼놓은 돈으로는 뭘 하시나요?"

버드는 "그 돈은 저를 위해 일하는 돈입니다"라고 대답했다. "내일 저보다 훨씬 더 잘 설명해 줄 수 있는 책 한 권을 가져다 줄게요. 헌책방에서 25센트 주고 산 얇은 책이에요. 제가 역사를 전공했고 고대사 읽는 걸 좋아해서인지 제목이 제 눈길을 확 끌더군요."

버드가 말한 얇은 책은 1926년에 처음 출판된 조지 S. 클레이슨의 『바빌론 부자들의 돈 버는 지혜』라는 책으로, 앞서 다른 장에서 이미 이 책을 언급한 바 있다. 이 책은 돈 버는 것을 관장하는 간단한 법칙을 가르쳐 주는데, 그중에서 가장 중요한 법칙은 '자신을 위해 먼저 돈을 투자하는 것'이다. 바빌론 최고 부자인 아카드는 이 법칙을 멘토인 알가미쉬로부

부를 이끄는 생각의 그릇

터 배웠다. 알가미쉬는 다음과 같이 말했다.

"번 돈의 일부를 꼭 저축하도록 하게. 월급이 적더라도 최소 10% 이상은 반드시 저축해야 하네. 가능하다면 더 많이 저축할수록 좋다네. 그렇게, 자신을 위해 제일 먼저 돈을 모아두는 걸세. 남은 돈보다 더 비싼 옷이나 신발은 사지 말게나. 그러고 나서 음식을 사고 어려운 사람을 돕게. 헌금할 돈도 충분히 갖고 있어야 해."

자신에게 먼저 돈을 씀으로써, 다른 부분에 돈을 지출하기 전에 재정 건전성에 확실히 기여할 수 있도록 하는 것이다. 자신을 위해 비축해야 하는 돈은 급여의 최소 10% 이상이어야 하며, 여유가 있다면 더 많이 해도 된다.

❖————————❖

"막대한 재산을 가진 재력가들의 시작을 살펴보면
거기에는 항상 저축하는 습관이 있다."

—나폴레온 힐

❖————————❖

많은 사람이 자신을 위해 가장 먼저 돈을 투자하지 못하는 이유는, 그렇게 할 충분한 돈이 없다고 잘못 생각하고 있기 때문이다. "빚을 내지 않으면 월말까지 겨우 버티는데, 어떻게 월급의 90%만 가지고 살 수 있겠어요?"라고 이유를 댄다. 하지만 일단 월급의 10%를 떼어 저축하기 시작하면(비상금부터 다 모은 뒤에 이 10%의 돈으로 투자를 한다), 더 적은 돈으로도 생활할 수 있다는 것을 깨닫게 될 것이다. 그러다 보면 갑자기 예산이 더 많게 느껴질 수 있다. 저축하는 습관이 생겼고 잠깐의 즐거움보다 미래를 더 우선하는 법을 배웠기 때문이다. 따라서 계획적으로 저축을 하게 되면, 주어진 돈을 가지고 더 나은 결정을 내리도록 스스로를 독려하는 가운데 수입을 늘릴 수 있는 기회를 찾는 새로운 기쁨을 경험하게 될 것이다.

재정적 독립은 수입의 일부를 자신을 위해 저축해야 함을 깨닫는 데서 시작된다. 월급을 받으면 자신에게 가장 먼저 투자하겠다고 결정해라. 다른 곳에 돈을 쓰기 전에 월급 일부를 저축한다면 부자가 되는 길로 흔들림 없이 나아갈 수 있을 것이다. 수입의 10%를 저축하는 것은 당신이 돈을 버는 동안 계속 지속할 수 있는 좋은 습관이 된다. 앞서 언급한 농부의 예를 다시 생각해 보자. 당신이 저축한 돈은 씨앗과 비

부를 이끄는 생각의 그릇

교할 수 있다. 이 돈이 열리는 나무의 씨앗을 빨리 심을수록, 당신은 더 빨리 부자가 될 것이다. 아카드의 멘토인 알가미쉬는 이렇게 말했다.

"부는 나무처럼 작은 씨앗에서 시작하지. 자네가 저축한 첫 번째 동전이 바로 부의 나무가 될 씨앗이야. 씨앗을 빨리 심을수록 나무는 더 빨리 자라나지. 꾸준히 저축하며 영양분과 물을 주고 정성을 들일수록 나무는 더 무성하게 자라게 될 거야. 자네는 곧 그 나무 그늘에서 만족하면서 기분 좋게 쉴 수 있을걸세."

저축 습관을 기르기에 너무 늦은 때란 없다. 하지만 미루는 날만큼 돈이 당신을 위해 일하는 날이 줄어들 것이다.

◆━━━◆

"쓰고 남은 돈을 저축하지 말고,
저축하고 나서 남은 돈을 써라."

―워런 버핏

◆━━━◆

어려울 때를 대비해 저축하라

소득의 10%를 모을 때는 비상금부터 먼저 저축해야 한다. 이 비상금은 당신이 파산하는 것을 막아주는 완충 작용을 한다. 뱅크레이트닷컴 Bankrate.com의 2021년 설문조사에 따르면, 미국인의 39%만이 예상치 못한 상황에서 발생하는 1천 달러의 비용을 감당할 수 있다고 응답했다. 그중 상당수는 1천 달러 비용을 지불하기 위해 돈을 빌리거나 신용카드 빚을 끌어 쓰는 등 대출에 의존해야 한다. 여러 연구에서는 이렇게 예상치 못한 비용을 감당할 수 없는 이유가 미국인의 생활 방식에서 비롯된 것임을 지적했다. 신용카드 청구서, 학자금 대출, 자동차 할부금 같은 빚을 갚는 데 소득을 묶어두기 때문이었다.

'충만한 삶'을 살기 원하면서 월급에만 의존하는 자세는 매우 위험하다. 당신에게 아무 잘못이 없음에도 급여를 받지 못한다면 어떻게 될까? 그런 일이 없길 바라지만, 당신은 직장을 잃거나 장애인이 될 수도 있다. 자동차 사고, 가정용 기기 고장, 의료비 청구서 등 많은 돈이 필요한 비상 상황이 발생하면 어떻게 할 것인가? 살면서 늘 좋은 일만 있을 수는 없

부를 이끄는 생각의 그릇

다. 비상금 통장에 급여 일부를 저축해 놓으면 어려울 때를 대비할 수 있다. 이 통장에 저축한 돈은 신용카드 청구서, 휴가, 자동차 할부금 따위의 비용을 충당하기 위한 게 아니다. 실직, 장애, 큰 재정적 어려움 등의 긴급 상황이 발생한 경우가 아니라면 절대 손을 대서는 안 된다. 급한 일이 생겨 비상금을 빼서 쓰게 되면, 즉시 이전 금액만큼 다시 채우기 위해 노력해야 한다.

일반적으로 3~6개월 정도의 생활비를 비상금으로 모아두길 권장하지만, 6개월 생활비를 목표로 하는 게 좋다. 일단 6개월 정도의 수입을 모아놓으면, 예상치 못한 사건의 90%는 큰 재정적 어려움을 겪지 않고도 충분히 헤쳐나갈 수 있다. 자산의 유동성이 클수록 집이나 차를 빼앗기는 일 없이 일상적인 생활비를 감당하면서 실직 혹은 소득 감소 기간 같은 힘든 시기를 더 오래 잘 버텨낼 수 있다.

3~6개월의 생활비를 충당할 만큼 충분히 돈을 모으기 전까지는 원하는 것을 사는 소비를 미뤄야 한다. 언제 닥칠지 모르는 어려운 시기를 대비하여, 당신을 보호해 줄 재정적 우산을 마련할 때까지 불필요한 물건은 구매하지 마라. 힐은 "저축하는 습관을 들이지 못한 사람들은 일반적으로 나이가

들어서 원하는 것을 사지 못하고 어쩔 수 없이 희생을 강요당한다. 그보다는 젊었을 때 희생하는 편이 더 낫다"라고 말했다. 다시 말해서, 나이가 들어 소득이 줄거나 어느 정도 이상의 생활 수준에 익숙해졌을 때보다, 소득이 상대적으로 높은 시기부터 저축하는 게 더 쉽다.

다음은 바람직한 습관을 형성하기 위한 힐의 조언이다. 잘 읽고 기억하면 저축 습관을 기르는 데 큰 도움이 될 것이다.

❖━━━━━━━❖

나폴레온 힐의 바람직한 습관을 형성하는 법칙

첫째, 새로운 습관을 형성하는 초기에는 힘과 열정을 모두 쏟아 부어야 한다. 당신은 마음의 길을 새로 만들기 위한 첫걸음을 내디디고 있다. 이 첫 단계가 가장 어렵다는 사실을 기억하라. 가능한 한 명확하고 깊게 만들어서, 나중에 그 길을 가고자 할 때 쉽게 길을 찾을 수 있도록 해야 한다.

둘째, 새로운 길을 만드는 데 온전히 집중해야 한다. 이전 길에 마음이 기울지 않도록 예전 길에서 멀어져라. 오래된 길은 완전히 잊어버리고 당신이 만드는 새 길에만 관심을 두라.

셋째, 새로 만든 길을 되도록 자주 사용해야 한다. 행운이나 우연이 나타나길 바라지 말고 스스로 그 길을 거닐 기회를 만들어라. 새로운 길로 자주 다닐수록, 그 길에 익숙해지고 점점 새 길로 다니는 게 쉬워질 것이다. 이 새로운 습관의 경로를 따라 이동할 수 있도록 사전에 계획을 잘 세워둬라.

넷째, 당신의 명확한 중점 목표에 부합하는 올바른 길을 제대로 만들었는지 확인하라. 제대로 만들었다면 두려워하거나 의심하지 말고 나아가라. "일단 시작했으면, 뒤돌아보지 말라." 목표를 선택했으면, 그 목표를 향해 곧장 이어지는 훌륭하고, 깊고, 넓은 마음의 길을 만들어라.

저축 습관은 기회를 끌어당긴다

✦

저축하는 습관이 몸에 배면, 저축과 투자 및 재정적인 부분을 잘 관리한 경험으로부터 얻은 새로운 기회를 통해서 부를 쌓는 능력이 향상된다는 사실을 알게 된다. 힐은 이렇게 설명했다. "저축하는 습관을 형성하는 것은 당신이 벌 수 있는 소득에 제한을 두는 게 아니다. 그와 반대로, 이 법칙을 적용함으로써 수익을 체계적으로 보존할 뿐만 아니라, 더 큰 기회의 길로 나아가게 되며, 돈 버는 능력을 키우는 데 필요한 비전, 자신감, 상상력, 열정, 주도성, 리더십 등을 기를 수 있다."

저축하는 습관은 자제력, 인내심, 자신감, 용기, 침착함, 두려움으로부터의 해방 등 성공하는 데 필요한 긍정적인 특성들도 같이 길러준다. 이런 특성들은 당신의 열망을 진취적이고 끈질기게 실행하는 계획으로 전환하도록 돕는다. 건설적인 습관은 전 우주의 긍정적인 작용을 끌어당긴다. 이 자연법칙은 계속해서 긍정적인 선택을 하게 만들고, 건설적인 리듬을 만들어 당신이 더 빠른 속도로 성공하도록 돕는다.

당신이 이런 긍정적인 특성을 키울 때 다른 사람들은 그 노력을 주목하고 보답할 것이다. 또, 당신은 더 큰 책임을 수반하는 직책을 맡게 되거나 기회를 얻게 될 것이다. 힐은 이렇게 말했다. "고용주는 정기적으로 돈을 저축하는 사람을 고용하는 것을 선호한다. 단지 그 사람이 돈을 모았다는 사실 때문이 아니라, 그 사람의 품성 때문이다. 그 품성으로 인해 그 사람은 효율적으로 일할 것이다." 분야를 막론하고 리더라면 자신의 돈을 현명하게 다루는 자질을 보여주지 못하는 사람을 신뢰하지 않을 것이며, 특히 돈과 관련된 책임은 맡기지 않을 것이다. 이 원칙은 성경에도 잘 나와 있다. "지극히 작은 것에 충성된 자는 큰 것에도 충성되고, 지극히 작은 것에 불의한 자는 큰 것에도 불의하니라." 누가복음 16장 10절에 나온 내용이다. 그러니 기억하라. 당신이 번 돈의 일부를 저축하지 않는다면, 이미 받는 것 이상의 신뢰는 얻을 수 없을 것이다. 소득 잠재력을 높이고 싶다면, 당신이 번 돈의 훌륭한 관리자가 되어야 한다.

"돈을 모을 수 없다면, 당신 안에 위대함의 씨앗이 없는 것이다."

— 클레멘트 스톤

저축하는 습관을 통해 부를 쌓기 시작하면 경제적 자유를 경험하게 된다. 힐은 저축하는 습관을 들이며 나아가는 길을 이렇게 묘사했다. "스스로를 재촉하면서 소득 잠재력을 키울 것을 요구하는 한편, 소득의 일정 비율을 체계적으로 저축한다면, 마음속 가상의 한계를 제거하는 지점까지 도달한다.

마음의 한계를 극복하고 나면 재정적 독립을 향한 여정을 잘 시작할 수 있다."

저축 계좌를 만들면 삶의 모든 영역에서 더 차분해지고 통제력이 있다고 느끼게 된다. 계획에 없던 지출은 엄청난 재앙이 아니라 단지 불편함이라고 생각하게 되기 때문에 두려움이 사라지기 시작한다. 그러면 현재에 집중할 수 있으므로, 다음 과속 방지턱을 찾으며 미래를 불안하게 바라보는 것을 멈출 수 있을 것이다. 일에서도 전보다 더 만족을 얻게 된다. 왜냐하면 절박하게 필요해서가 아니라 즐거움과 목표를 위해 일하게 되기 때문이다. 또한 더 많은 기회를 얻고 재정적 축복을 받게 되면서, 저축하는 능력이 기하급수적으로 증가한다는 것을 알게 된다. 그럼으로써 성공의 가장 큰 결실인 마음의 평화를 가져다 주는 새로운 세계, 즉 경제적 자유가 당신 앞에 펼쳐질 것이다.

- 돈은 농부가 사용하는 씨앗과 같아서, 한 번에 다 써버릴 수도 있고 미래를 위해 일부를 저축할 수도 있다. 지금 씨앗의 일부를 저장해서 다시 심어야만 나중에 수확할 수 있다.

- 소득은 부를 쌓는 최고의 수단이지만, 벌어들인 돈의 액수보다 저축하는 능력이 더 중요하다. 재정적 안정은 당신이 얼마나 버느냐보다 얼마나 저축하느냐로 결정된다.

- 재정적 독립은 소득의 일부를 자신을 위해 투자해야 한다는 사실을 깨닫는 데서 시작된다.

- 월급을 받으면 가장 먼저 자신을 위해 투자하기로 결심하고, 다른 데 돈을 써버리기 전에 최소 10%를 떼어 저축과 투자에 사용해야 한다.

- 씨앗의 비유를 확장해서 생각해 보자. 돈이라는 씨앗을 빨리 심을수록, 부라는 나무는 더 빨리 자랄 것이다. 그러면 당신은 더 빨리 은퇴해서 그 나무 그늘에서 쉴 수 있다.

- 제일 먼저 3~6개월 정도의 기본 생활비를 비상금으로 저축해야 한다. 이 돈은 예상치 못한 지출로 인한 파산으로부터 당신을 보호하는 역할을 해줄 것이다. 단, 이 비상금은 실직, 병원비, 큰 재정적 어려움과 같은 진짜

긴급한 상황에만 사용해야 한다.

- 저축하는 습관은 자제력, 인내심, 자신감, 용기, 침착함, 두려움으로부터의 해방 등 성공하는 데 필요한 긍정적인 특성들도 같이 길러준다. 또한 삶에 더 많은 기회를 끌어당길 것이다. 다른 사람들이 돈을 잘 관리하는 당신의 모습을 보면 당신을 더 신뢰하고 더 큰 책임을 맡길 것이기 때문이다.

부를 이끄는 생각의 그릇

◇ 적절한 비상금을 마련하기 위해서 매달 얼마를 저축해야 할지 결정하자. 비상금은 3~6개월 정도의 생활비를 충당할 수 있는 금액이어야 한다. 이어서 지난 3~6개월간 지출한 총 금액을 계산해 보자(6개월 권장). 그리고 목표로 할 비상금 액수를 정해보자. 비상 상황에서는 불필요한 비용을 줄일 수 있으므로, 그 정도 금액이면 충분한 완충 효과를 얻을 수 있을 것이다.

• 비상금을 충당하기 위해 매달 저축할 금액 : _____원

• 지난 _____개월 동안 지출한 총 금액 : _____원

• 목표 비상금 : _____원

◇ 매달 수입의 10%를 저축한다고 가정할 때, 목표한 비상금을 다 모으려면 몇 개월이 걸리는가?

• 월 수입 _____원 × 0.1 = _____원

• 목표 비상금 _____원 ÷ 월 저축액 _____원 = _____개월

◇ 저축하는 습관을 기르기 위해 이번 주에 할 수 있는 행동 세 가지를
정하고, 실천해 보자.

• _____

_____

• _____

_____

• _____

_____

7

자산

※

**투자가 모두 같은 결과를
가져오지는 않는다**

◆ ◆ ◆

부자들은 자산을 취득한다.
가난한 이들과 중산층은 부채를 얻으면서
그것을 자산이라고 여긴다.

— 로버트 기요사키, 『부자 아빠 가난한 아빠』

◆ ◆ ◆

비상금 통장에 3~6개월 정도의 생활비를 마련했다면 이제 투자를 시작하거나 미래에 수익을 가져올 만한 자산을 매수해야 한다. 다음 8장에서 투자의 기초를 다루기에 앞서 '미래 수익'을 해석하는 두 가지 방법을 이해해 보자.

물건을 구매할 때 느끼는 즐거움에 우선순위를 두고 그 자산을 되팔 때 충분한 수익이 생기기를 기대하는 사람이 있는가 하면, 자본 이익이나 월 소득 형태의 수익 창출이 가능한 자산에 돈을 투자하는 사람도 있다. 한편 비싼 자동차, 고급스러운 집, 명품 옷이 있으면 부자처럼 보이지만, 보이는 게 전부가 아니라는 사실을 명심하라. 돈이 실물 자산에 전부 묶여 있다면, 적극적으로 부를 창출하면서 큰 손실 없이 빠르게 현금으로 바꾸어 쓸 수 있는 자산은 충분하지 않을 가능성이 크다.

보이는 것이 전부가 아니다

헨리(가명)는 아주 부자처럼 보였다. 헨리는 운영하던 석탄 회사를 매각한 후 인생을 즐기기로 결심했다. 하지만 그는 300만 달러가 넘는 순자산을 갖고 있었으나 당장 쓸 수 있는 현금이 부족하다는 사실을 깨달았다.

헨리는 은행에 대출을 신청했다. 그런데 대출 담당자와 재무제표를 검토하면서 자신의 재정 상태에 문제가 있음을 알게 되었다. 석탄 회사를 운영하는 동안 그는 수입이 상당히 좋아서 호화롭게 살았다. 헨리는 75만 달러에 달하는 집, 40만 달러의 골프장이 있는 콘도, 10만 달러가 넘는 캠핑카, 명품 시계들, 고급 자동차, 비싼 보트를 가지고 있었다. 그를 아는 사람은 다들 겉모습만 보고 헨리가 엄청난 성공을 거뒀다고 생각했을 것이다.

문제는 헨리의 순자산이 수익을 창출하지 않는 자산에 묶여 있다는 점이었다. 설명하자면, 실제로 거주하고 있는 집과 그 외 여가용 집, 자동차나 보석 같은 자산은 정기적인 수입을 제공하지 않는다. 이러한 것들을 구매한 시점부터 다시 팔기 전까지는 돈이 묶여서 고정 수익을 창출하는 자산에 투자할 수 없게 된다. 또한, 이런 자산은 좀처럼 수익을 창출하지 못한다. 실제로 현금이 부족해서 비수익 자산을 빨리 처분해야 하는 경우에는 상당한 손해를 보기도 한다. 물론 집은 좋은 투자처가 될 수 있다. 하지만 헨리는 주변 시세보다 두세 배나 비싼 집을 지었다. 그렇게 비싸게 지은 집은 팔 때 제값을 받지 못하는 경우가 많다. 심지어 헨리는 금이 800달러가 넘었을 때 투자했는데, 그 가격이 400달러로 폭락했다는 사실도 알게 되었다. 즉 그는 수익을 창출하지 못하는 자산을 산 셈이었다. 그 자산들의 실제 가치는 구매 가격보다 낮았다.

건강 때문에 더 일할 수 없는 나이가 되고 사회 보장 제도에 의존하게 되었을 때, 결국 헨리는 공공 주택에서 지내야 했다. 헨리는 자신의 말년이 이렇게 비극적일 거라고는 상상도 못했다. 만약 헨리가 수익을 창출하는 자산에 돈을 더 많이 투자하고 쓸데없는 데 돈을 덜 썼다면, 노년의 삶에 꼭 필요한 자금을 모을 수 있었을 것이다.

◆——————◆

"대다수의 사람들이 재정적인 어려움을 겪는 이유는

흘러들어 오는 현금보다 빠져나가는 현금이 더 많기 때문이다."

— 로버트 기요사키

❖━━◆━━❖

헨리와 석탄 사업을 같이했던 동업자 플로이드(가명)는 재정적인 면에서 헨리와 매우 다른 길을 택했다. 합리적인 가격대의 집을 샀고, 그 집을 확장하고 새롭게 수리하는 데 10만 달러 정도를 사용했다. 그리고 중저가 자동차를 몰았다. 그는 부를 과시하려고 하지 않았고 사치하지도 않았다. 그렇지만 겉으로 보이는 모습과 달리, 재정적 안정 측면에서 볼 때 플로이드는 매우 부유했다.

먼저 플로이드는 예금보험에 가입된 안전한 은행에 돈을 예금했고, 그중 일부를 장기간에 걸쳐 양도성 예금증서 Certificate of Deposit(이후 CD)에 투자했다. 여러 사람들에게 자문을 구하며 예금증서의 예치 기간을 단기에서 5년까지 어떻게 늘리는지 배웠다. 금리가 높으면 장기 예치하고 싶은 유혹에 빠지기 쉽다. 하지만 모든 돈을 장기 투자에 써버리면, 갑자기 돈이 필요해져서 중도에 해지할 때 무는 상당히 높은 위약금으로 손해를 볼 수 있다. 그래서 그는 5년 후 상환할 초기 자금을 최대 5년까지 6개월 단위로 만기가 다르게 나눈 여러 CD에 고르게 분산한 후, 만기가 돌아오는 반년마다 다음 만기의 CD에 재가입하는 방식인 사다리Laddering 전략으로 위험을 분산시켰다. 만기가 짧은 예금증서는 해지 위약금이 적기 때문에 자금 유동성을 확보할 수 있었다. 이는 비상 시에 쉽게 현금을 확보할 수 있다는 걸 의미한다.

순자산이 모든 것을 알려주지는 않는다

'순자산'이라는 용어를 한 번쯤은 들어봤을 것이다. 주로 회계에서 쓰이는 이 용어는 보유 자산을 모두 더한 값에서 부채를 뺀 값을 뜻한다. 간단히 말해 당신이 가진 재산에서 빚을 뺀 것이다. 이 값을 제대로 계산하려면 자산의 매입 가격 대신 현재 가치를 알아야 한다. 자산이란 집, 자동차, 현금, 예금증서, 주식, 채권, 뮤추얼 펀드, 상장 지수 펀드ETFs 등 현금화할 수 있는 모든 자산을 말한다. 부채는 주택 담보 대출과 자동차 대출, 학자금 대출, 신용 대출 등의 다양한 대출 상환액, 신용카드 할부금, 기타 개인 대출을 포함한다. 순자산이 (+)면 자산이 부채를 초과한다는 뜻이다. 반면, 순자산이 (-)면 부채가 자산을 초과해서 가진 것보다 빚이 더 많다는 뜻이다.

20년에 걸쳐 이루어진 순자산 연구 두 사례를 살펴보자. 동업자였던 헨리와 플로이드는 석탄 회사를 매각해서 각각 2백만 달러를 벌었다. 각자의 자산과 부채는 두 사람에 대해 많은 것을 알려준다.

(단위: 달러)

자산	헨리	플로이드
현금(양도성 예금증서 포함)	50,000	400,000
주식 및 채권	0	800,000
실거주용 집	950,000	400,000
실거주 외 집	400,000	임대용 아파트 900,000
기타 개인 소유물	400,000	100,000
총 자산	**1,800,000**	**2,600,000**

부채	헨리	플로이드
실거주용 주택 담보 대출	450,000	400,000
여가용 주택 담보 대출	200,000	0
개인 부채	150,000	0
총 부채	**800,000**	**400,000**

순자산	1,000,000	2,200,000

표에서 알 수 있듯이 헨리는 본인의 재정 상황에 비추어 볼 때 너무 비싼 집을 샀고, 가진 돈의 대부분을 수익을 창출하지 못하는 자산에 투자했다. 별장이나 개인 소유물 같은 수익을 창출하지 않는 자산은 갑자기 팔아야 할 때 제값을 받지 못할 가능성이 높다. 헨리의 순자산은 1백만 달러로 상당한 금액이었지만 대부분 돈을 벌지 못하는 자산에 묶여 있었으며(이것이 플로이드가 가진 순자산과의 차이점이다), 필요할 때 쉽게 현금으로 바꿀 수 없었다. 헨리는 수익을 창출하지 못하는 자산을 몇 년에 걸쳐 매각했고, 그로 인해 생활 방식이 완전히 바뀌고 말았다. 한때 사치품과 유흥을 즐겼지만, 지금은 정부 보조금을 받는 아파트에서 얼마 되지 않는 연금을 받으며 근근이 살고 있다. 헨리는 아마 "예전에 …했더라면"이라고 생각하며 후회하고 있을 것이다.

헨리가 사치스러운 생활을 즐기는 동안 플로이드는 재산을 잘 관리했고, 나중을 대비하기 위해 투자 공부를 지속했다. 헨리와 플로이드는 비슷한 금액으로 시작했지만, 그 돈으로 어떤 선택을 했느냐에 따라 인생 경로가 완전히 달라졌음을 기억하라. 여기서 배울 수 있는 교훈은, 모든 자산이 같은 결과를 창출하지 않는다는 것이다. 수익을 창출하지 못하는 자산에 돈을 대부분 사용하면, 더는 월급을 받을 수 없을 때 수입원이 없을 것이다. 반면 배당금을 지급하는 주식, 이자를 받을 수 있는 채권 및 예금증서, 임대료를 받는 부동산, 라이선스 수수료를 받을 수 있는 지적 재산 등 직접적으로 수익을 창출하는 자산에 돈을 투자하면, 더 이상 일할 수 없는 날이 왔을 때 당신을 보호해 줄 부를 창출할 수 있다.

소득 흐름의 중요성

『바빌론 부자들의 돈 버는 지혜』에서 조지 클레이슨은 현명한 투자를 통해 미래 소득원을 확보하는 게 중요하다고 하면서 다음과 같이 가르친다.

"부는 지갑에 있는 돈이 전부가 아니라네. 부는 그간 쌓아 올린 수입, 끊임없이 지갑으로 흘러들어와 가득 채우는 황금 물줄기에 달렸지. 누구나 이런 수입원을 원한다네. 일하든 여행을 다니든 관계없이 계속해서 들어오는 그런 수입원 말일세. 자네들도 원하고 있지 않은가?"

진정한 자산은 소득을 창출한다. 그리고 더 이상 일할 수 없거나 일하지 않기로 결정할 때, 당신을 지탱해 줄 부의 황금 물줄기를 계속해서 만들 수 있도록 보장해 주고 또 보호해 준다.

『부자 아빠 가난한 아빠』의 저자 로버트 기요사키는 중산층에 속한 사람들이 계속 중산층에 머무는 이유는, 부채를 자산으로 착각하며 돈을 묶어두는 물건을 구매하는 데에다가 돈을 쏟아붓기 때문이라고 말했다. 그의 정의에 따르면, 자산은 "가치가 있고, 수입이나 가치를 창출하며, 준비된 시장이 있는" 것이다. 보유한 것 중 어떤 게 자산이고 어떤 게 부채인지 파악하기 위해 기요사키가 추천한 방식은 다음과 같다. "당신이 일을 그만둔다고 가정했을 때, 어떤 자산이 돈을 벌어들이고, 어떤 자산이 돈을 빼가는가?"

기요사키는, 부자가 되기 위해서는 급여에 중점을 두는 게 아니라 현금 흐름 또는 돈이 움직이는 방향에 초점을 맞춰야 한다고 권장한다. 당신의 돈이 주로 계좌, 사업, 투자로 빠져나간다면, 문제의 자산은 사실상 부채이다. 반면에 계좌, 사업, 투자에서 돈이 흘러나온다면 그 자산은 부를 창출하고 당신을 더 부유하게 만들어줄 것이다. 자산에서 파생되는 수익은 자산과 관련된 지출보다 커야 하므로, 돈이 흘러가는

궁극적인 방향을 결정할 때 드는 비용을 잘 저울질해 봐야
한다.

✦━━━━━◆━━━━━✦

"재산은 그 사람이 가지고 다니는 지갑에 있는 돈으로
파악할 수 없다. 지갑에 돈이 아무리 많아도
그 안을 다시 채울 황금 물줄기가 없으면 돈은 곧 바닥난다."
— 조지 S. 클레이슨

✦━━━━━◆━━━━━✦

헨리는 두둑한 월급과 많은 순자산이 노후를 안정적으로
보장해 줄 거라고 생각했지만, 그렇지 않았다. 헨리가 소위
자산이라고 여겼던 것들은 높은 가치를 인정받지 못했고, 그
것들을 살 때만큼 돈을 내려는 사람들도 없었다. 만약 그가
자산과 부채를 더 잘 구분했더라면, 자신의 재산이 단지 공
공 주택과 헨리 사이의 작은 틈을 가리는 교묘한 연막탄에
불과하다는 것을 눈치챘을 것이다. 다른 무언가를 살 여유가
없는 사람들에게 공공 주택은 나쁘지 않다. 하지만, 한때 백
만 달러 이상의 재산이 있었던 사람이 정부 보조금을 받으며

노년을 보내기에는 조금 안타까운 장소이다.

부자는 부를 창출하는 자산을 사기 때문에 더 큰 부자가 된다. 이런 자산은 부자들이 죽을 때까지 일할 필요가 없도록 그들을 위해 일한다. 부를 창출하는 자산은 재정적 지혜와 장기적인 비전이 얼마나 중요한지를 잘 보여준다. 당신의 자산은 어떠한가? 그리고 당신은 어떻게 돈을 관리해야 할까?

가장 소중한 자산

물리적, 금전적 자산 외에도 잘 관리하면 계속해서 수익을 가져오는 무형 자산이 있다. 궁극적인 성공을 하려면 이런 자산이 매우 중요하다. 만약 무형 자산이 없다면 아무리 돈을 많이 모아도 마음의 평화를 얻을 수 없으며, 번 돈을 제대로 유지할 수도 없을 것이다.

당신의 가장 큰 자산은 마음가짐이다. 당신이 무언가에 집중하고, 스스로를 믿고, 당신이 가진 지식을 실용적인 행동 계획으로 체계화하면, 마음은 열망을 현실로 바꿀 수 있게 해준다. 즉, 마음가짐이 인생의 결과를 좌우한다. 두려움과 부정적인 감정에 사로잡혀 있으면 성공하려는 열망을 활용할 수 없다. 반면 명확성과 자신감을 갖추고 있다면, 기회 측면에서 엄청난 배당금을 지급할 수 있는 정신적 자산이 풍부하다고 볼 수 있다. 만약 당신이 가진 정신적인 자산이 긍정적인지 아니면 부정적인지를 알아보고 싶다면, 나폴레온 힐은 정신적 자산과 부채의 목록을 작성해 보라고 권유한다. 긍정적인 정신적 자산은 시간이 지남에 따라 당신을 더 높이 평가받도록 만들며, 당신의 높아진 가치는 다른 사람들의 협력과 지원을 끌어당긴다.

✦━━━◆━━━✦

"당신이 해야 할 가장 중요한 투자는 자기 자신에 대한 투자다.

살면서 자신이 지닌 잠재적인 마력馬力을

실제 마력으로 환산하는 사람이 거의 없기 때문이다."

─워런 버핏

✦━━━◆━━━✦

부를 창출하기 위해 활용할 수 있는 또 다른 무형 자산에는 시간과 실패가 있다. 재정 상태와 관계없이, 모든 사람이 하루에 사용할 수 있는 시간은 공평하게 24시간이다. 힐은 이렇게 이야기했다. "부자든 가난하든 간에, 당신은 가장 부유한 사람이 가진 것만큼 엄청난 자산을 하나 갖고 있다. 그것은 바로 **시간**이다."

성공한 사람들은 목적에 맞추어 일정을 잘 짜고 시간을 최대한 잘 활용한다. 오늘 할 수 있는 일을 내일로 미루지 않으며, 자기 의심이 꿈을 이루는 것을 방해하도록 놔두지 않는다. 또한 성공한 사람들은 실패했다고 해서 성공으로 가는 길에서 나가떨어지지 않는다. 모든 실패 안에는 기회의 씨앗이 있으므로, 고통은 기회로 변할 수 있는 자산임을 잘 안다.

성공하기 위해서는 소득을 창출하는 자산뿐 아니라 자기 내면에도 투자해야 한다. 당신의 마음은 엄청난 부를 창출하는 열쇠를 쥐고 있으니 자산처럼 소중히 다뤄라. 자신감, 믿음, 열망 같은 긍정적인 감정을 기르고, 자기 주도성을 키워라. 일시적인 패배를 성장의 기회로 재구성하는 법을 배워라. 그렇게 하면 부를 쌓는 여정에서 추진력과 목표를 얻게 될 것이다.

- 투자는 미래에 이익을 가져올 것으로 예상되는 자산을 사는 것이다.

- 비수익형 자산은 다시 팔 때까지 정기적인 수입을 제공하지 않는 자산이다. 예를 들어 실거주용 집(임대료를 받는 집 제외), 자동차, 보석, 기타 개인 소유물 등이 여기에 속한다.

- 수익형 자산은 양도 소득이나 월 소득 형태의 수입을 창출한다. 배당금을 지급하는 주식, 이자를 받을 수 있는 채권이나 CD, 임대료를 받을 수 있는 부동산, 라이선스 비용을 받을 수 있는 지적 자산 등이 이에 속한다.

- 수익을 창출하는 자산을 항상 선호해야 하는 이유는 다음과 같다.
  - 돈을 묶어두더라도 손해를 발생시키지 않고 정기적인 수입을 창출하거나 가치를 높인다.
  - 일반적으로 큰 경제적 손실 없이 쉽게 매각할 수 있다.
  - 더 이상 일할 수 없을 때를 대비한 미래 수입원을 확보할 수 있다.

- 순자산이란, 지금 보유하고 있는 모든 자산의 현재 가치를 더한 값에서 부채를 뺀 값을 말한다. 순자산이 (+)면 자산이 부채를 초과한다는 뜻이다. 반면 (-)면 부채가 자산을 초과한다는 의미로, 빚이 더 많다는 뜻이다.

- 순자산은 재정 건전성을 파악하는 유용한 척도이지만, 순자산이 모든 것

을 알려주지는 않는다. 재정적 안정을 위해서는 수익을 창출하지 않는 자산보다 수익을 창출하는 자산이 훨씬 더 중요하다.

· 지금 하는 투자가 진짜 자산인지 아니면 부채인지 파악하려면, 현금 흐름의 방향을 평가해야 한다. 그 자산에서 돈이 흘러나오는 게 아니라 주로 빠져나간다면 자산으로 착각한 부채이다.

· 성공하기 위해서는 물질적 자산뿐 아니라 마음가짐, 시간, 실패 경험 등의 무형 자산도 매우 중요하다.

◇ 당신이 가진 모든 자산의 목록을 작성하라. 그런 다음 현금 흐름을 분석해 보자. 수익을 창출하는 자산은 무엇이며, 수익을 창출하지 않거나 혹은 더 많은 돈을 사용하게 되는 자산은 무엇인가? 부채인 자산에는 줄을 그어 자산 목록에서 지워라.

_____

_____

_____

_____

_____

◇ 모든 자산을 더한 다음 부채를 빼서 당신이 가진 순자산을 계산해 보자. 결과가 놀라운가? 왜 그런가? 결과가 놀라운 이유 혹은 놀랍지 않은 이유는 무엇인지 정리해 보자.

_____

_____

_____

_____

_____

◇ 나중에 어느 정도의 순자산을 모으고 싶은가? 5년, 10년, 20년 뒤 등
　장기적 관점에서 고려해 보자.

_____

_____

_____

_____

_____

◇ 수익을 창출하는 자산을 통해 순자산을 늘리기 위해, 올해 할 수 있는
　세 가지 단계를 결정하고, 이를 실천해 보자.

• _____

_____

• _____

_____

• _____

_____

◇ 나폴레온 힐은, 당신이 가진 정신적 자산이 긍정적인지 아니면 부정적인지를 알아보기 위해 정신적 자산과 부채의 목록을 작성해 볼 것을 권유한다. 긍정적인 정신적 자산은 시간이 지남에 따라 당신을 더 높이 평가받도록 만들며, 다른 사람들의 협력과 지원을 끌어당긴다. 어떤 정신적 특성, 자질, 아이디어, 생각, 감정이 당신의 가치를 높이는지 혹은 떨어뜨리는지 파악하여 목록을 작성하고 순자산을 파악해 보자. 당신은 긍정적인 정신적 자산을 더 많이 가지고 있는가? 아니면 부정적인 정신적 자산을 더 많이 가지고 있는가?

_____

_____

_____

_____

_____

◇ 정신적 순자산을 늘리기 위해 올해 할 수 있는 세 가지 행동을 결정하고 실천해 보자.

◦ _____

◦ _____

◦ _____

8

투자

⁂

백만장자처럼 부를 키워라

◆ ◆ ◆

돈이 당신을 위해 일하게 만들어라.
들판의 양 떼가 새끼를 낳아 계속 번식하는 것처럼
돈이 돈을 벌게 해서 수익을 가져오도록 만들어라.
수익이 계속해서 당신의 지갑으로 흘러들어오게 하라.

— 조지 S. 클레이슨, 『바빌론 부자들의 돈 버는 지혜』

◆ ◆ ◆

"열심히 모은 돈을 주식 시장이나 다른 투자 수단에 사용하지 말고 안전하게 다 저축해야지"라고 생각하기 쉽다. 하지만 이는 엄청난 실수다. 소득의 일정 비율을 꾸준히 저축하면 천천히 부를 쌓을 수 있겠지만, 기대할 수 있는 수익은 매우 적어진다. 인플레이션으로 인해 저축한 돈의 가치가 감소하기 때문이다. 유명한 투자자 워런 버핏은 "현금과 같은 자산을 가지고 있는 사람들은 편안함을 느낀다. 하지만 그래선 안 된다. 사실상 아무런 수익도 없고 가치가 하락할 게 분명한, 형편없는 장기 자산을 택해서는 안 된다"라고 말했다.

시간이 지날수록 제품과 서비스 가격은 오른다. 지금 만 원으로 어떤 물건을 열 개 살 수 있다면, 미래에는 같은 가격으로 그 물건을 훨씬 더 적게 살 수 있다. 따라서 인플레이션 속도를 앞지르고 돈을 더 빨리 불리기 위해 돈이 당신을 위해 일하게 만드는 법을 배워야 한다. 『바빌론 부자들의 돈 버는 지혜』에서, 바빌론 최고 부자였던 아카드는 "돈이 당신을 위해 일하도록 만드는 법을 배워라. 돈을 당신의 노예로 만들어라. 돈이 돈을 벌고, 그 돈이 또 돈을 벌어서 당신을 위해 일하게 하라"라고 말한다. 미래에 재정적인 안정을 이루고 싶다면 올바르게 투자하는 방법을 배워야만 한다.

투자란, 시세 차익이나 배당금, 월세 같은 수입을 창출하는 자산을 사는 것이다. 이번 장에서는 사람들이 일반적으로 많이 하는 투자 유형을 살펴보겠다. 하지만 그 전에 투자 철학을 먼저 짚어보고자 한다.

1. 투자를 하려는 이유를 파악하라.

2. 의견이 아닌 지혜로운 조언을 수용하라.

3. 잘 아는 것에만 투자하라.

4. 투자를 분산하라.

5. 투자로 얻은 이익을 재투자하라.

6. 시장에 계속 머물러라.

투자를 하려는 이유를 파악하라

우선 당신이 투자를 하려는 이유를 파악하고 이를 마음속에 단단히 새기는 게 중요하다. "내가 투자하려는 행동 이면에 있는 더 큰 목적은 무엇일까? 어떤 목적으로 나는 이 자금을 사용하려고 하는가?"를 자신에게 물어보라. 이 장의 후반부에서도 다루겠지만, 투자를 빨리 부자가 되기 위한 단기적인 수단으로 여겨서는 안 된다. 왜냐하면 투자는 시간이 지날수록 더 많은 수익을 창출하고 그 가치가 증가하는 일이기 때문이다.

미국의 금융가 버나드 바루크는 자신의 저서 『바루크의 인생 이야기』에서, 많은 사람이 그에게 노력은 거의 들지 않으면서 빠른 수익을 낼 수 있는 소위 '잘나가는' 투자법에 대한 조언을 구했다고 말했다. 바루크는 이를 중세 시대 연금술사들이 쇳덩어리를 금으로 바꾸는 마법을 찾느라 시간을 낭비했던 일에 비유했다. 쉽고 빠르게 수익을 낼 수 있는 안전한 투자 방법은 없다. 그렇기 때문에 투자로 얻은 이익을 주택 구매 보증금, 자녀의 대학 등록금, 은퇴할 수 있을 만큼의 목돈 등 더 큰 목표를 위해 사용하고자 하는 계획을 세워야 한다. 그리고 투자하려는 '이유'는 투자를 꾸준히 하게 할 만큼 상당히 중요해야 한다. 또한 지속해서 투자할 수 있게 해주고, 만기가 되기 전에 투자금을 빼려는 유혹을 뿌리칠 수 있을 만한 것이어야 한다.

의견이 아닌 지혜로운 조언을 수용하라

투자를 하려고 할 때, 투자를 잘하는 방법에 관한 보편적인 지침을 찾아보는 게 일반적으로는 도움이 된다. 다만 금융 시장에는 잡음이 매우 많고, 시장에 떠도는 소문들은 실체가 거의 없다는 특징이 있다. 따라서 다양한 조언을 들어보고, 스스로 공부해서 얻은 결과물을 철저하게 따져서 최선의 행동 방침을 결정하는 게 중요하다.

『바빌론 부자들의 돈 버는 지혜』에서, 부유한 투자자 아카드는 투자 조언을 제대로 판단하는 일의 중요성과 관련해 자신이 배웠던 뼈아픈 교훈을 공유한다. 그리고 잘못된 정보에 기초한 투자 조언이 아니라 현명한 조언을 따라 행동하라고 강조한다.

부를 이끄는 생각의 그릇

벽돌공인 아즈무르는 페니키아에 방문할 계획이었다. 아즈무르는 페니키아에서 생산되는 진귀한 보석에 투자할 계획이었으며, 아카드에게도 함께 투자하자고 권유했다. 하지만 아즈무르가 거래한 페니키아인은 그를 속이고 약속한 보석 대신 싸구려 유리 조각을 그에게 팔아넘겼다. 불행히도 아즈무르는 보석에 대해 잘 알지 못했고 모조품과 진짜를 구별할 수 없었다. 결과적으로, 아즈무르와 아카드는 둘 다 투자한 돈을 모두 잃고 원점에서 다시 시작해야 했다. 아카드는 여기서 얻은 교훈을 다음과 같이 요약했다. "어떤 분야에 경험이 없는 사람의 투자 조언을 듣는다면 그 잘못된 의견 때문에 당신이 모은 돈을 대가로 치르게 될 것이다."

———◆———◆———

"조언을 듣는 것은 공짜지만,

다 따라야 하는 것은 아니다.

가치 있는 조언에만 귀를 기울여라."

—조지 S. 클레이슨

———◆———◆———

심지어 전문 투자 자문가조차도 부정확한 정보를 제공할 수 있다. 따라서 그들의 제안을 직접 검토하고, 다른 전문가와도 상의하여 그 제안이 타당한지 확인해야 한다. 나는 1970년대에 지역 은행에서 부행장으로 일했다. 금값이 꾸준히 오르던 시기였던 터라, 내 고객들 중 상당수가 누군가로부터 예금을 하는 대신 금을 사라는 투자 조언을 받았다. 절대 손해 볼 일이 없으며 금값이 한 돈당 265달러까지 올라갈거라는 소문이 돌았다. 하지만 금값은 한 돈에 116달러까지올랐다가 다시 40달러로 폭락했다. 당시 금에 투자한 고객들은 어리석게도 장기간에 걸친 금 가격의 추이조차 공부하지않은 채 다른 사람의 조언을 받아들였다. 안타깝게도, 그 조언은 매우 잘못된 조언이었다. 비록 지금은 금 가격이 올라서 훨씬 더 비싸지만, 저점이었던 1990년 50달러에서 238달러로 가격이 오르기까지는 무려 30년이 걸렸다.

투자를 할 때는 위험의 정도를 파악하여 전문가의 조언을듣고 그 의견을 스스로 검토한 후 의사 결정을 내려야 한다. 다른 누구도 아닌 당신이 직접 결정해야 한다. 금을 파는 사람이 어떻게든 금을 팔고 싶어하는 이유는 금을 팔아야만 생계를 꾸릴 수 있기 때문이라는 것을 알아야 한다. 하지만 금은 다시 팔기 전까지는 어떤 수익도 만들지 못한다. 만약 당신이 가진 돈으로 금만 사고 있다면, 스스로 큰 위험을 짊어지는 셈이다. 금값이 오를 거라는 타인의 말에 쉽게 설득당할 수도 있다. 그러나 실제로 금값이 오를 수 있지만 그렇지 않을 수도 있다. 또한, 구매했던 가격보다 훨씬 더 가격이 내려갈 수도 있다. 다른 투자에도 이와 같은 규칙이 적용된다. 투자의 성공 가능성에 대해서는 다른 사람의 말을 믿지 마라. 그리고 제대로 된 조언인지 직접 살펴보고 결정하라.

잘 아는 것에만 투자하라

잘 알고 있는 자산만 산다면 투자한 것을 후회하는 상황은 피할 수 있다. 투자 기회가 너무 많고 복잡해서 자세한 내용을 파악할 수 없다면, 좋은 투자가 아니다. 그 투자를 제안한 사람이나 회사의 조언에 계속 의존하게 될 뿐만 아니라 제대로 관리할 수도 없을 것이다. 게다가 복잡한 투자일수록 매우 위험한 투자인 경우가 많다. 만약 투자 전략이 일관되고 오랜 시간에 걸쳐 입증되었다면 제대로 된 투자를 하고 있는 셈이다. 워런 버핏은 이렇게 경고했다. "남들에게 큰 박수를 받는 투자를 경계하라. 사람들은 위대한 결정에는 하품만 하기 마련이다."

어떤 분야에 투자할지 고민하고 있다면, 먼저 다양한 분야를 검토해 보고 해당 분야와 자산 유형에 대해 얼마나 잘 알고 있는지 자신의 수준을 파악해야 한다. 애플, 구글, 마이크로소프트의 초기 투자자들은 큰돈을 벌었다. 하지만 당신이 기술주에 대해 잘 알지 못한다면 파산한 수많은 IT 기업 중 하나에 투자했을 수도 있다.

전 세계에서 가장 큰 뮤추얼 펀드 중 하나를 운영하는 피터 린치Peter Lynch가 권장하는 주식 투자의 기본 원칙은 "당신이 잘 아는 것만 사라"이다. 린치는 수익률이 높았던 투자 아이디어의 상당수가 장을 보거나 친구, 가족과 일상적인 대화를 나누는 동안 떠올랐다고 말한다. 일상생활에서 떠오르는 투자 기회에 대해 다시 생각해 보자. 주식 시장의 성과는 소비자의 행동을 반영하기 때문에, 소비자인 당신은 어떤 제품과 어떤 기업이 오래 갈 수 있고 성장 잠재력이 있는지에 관한 한 이미 전문가라 할 수 있다. 물론 어떤 투자 아이디어 혹은 성향을 가지고 있든 그에 따른 예상 수익을 철저히 조사해서 비교해 봐야 한다. 일례로, 몇 년 전 나는 크래커 배럴이라는 음식점에서 식사하면서 음식과 서비스, 음식점의 위치에 깊은 인상을 받았다. 그래서 나는 그 회사에 대해 공부하기 시작했다. 회사의 성장 이력, 수입, 배당 기록, 주가 및 멀티플◆ 같은 정보는 보통 쉽게 찾아볼 수 있다.

개별 종목 주식을 공부하면서 배당금 재투자를 허용하는지도 확인할 수 있다. 만약 배당금 재투자를 선택하면, 배당받은 돈으로 그 회사의 주식을 더 많이 살 수 있다. 또한, 증권 회사를 통하지 않고 직접 주식 투자를 하면 중개 수수료를 내지 않을 수도 있다. 주주가 되면 직접 주식을 살 수 있도록 허용하는 회사도 있다. AT&T를 비롯한 여러 회사들은 투자자들이 적은 수수료로 첫 구매를 한 다음, 계속해서 주식을 직접 구매할 수 있도록 하고 있다. 일단 다양한 요소를 분석해야 한다. 그 분석에 근거해서 투자 결정을 내리는 것은 투자자 본인에게 달려 있다.

◆ 기업의 미래 가치를 주관적 가중치 계수로 산출한 배수 값으로, 다양한 지표로 계산할 수 있으나, 일반적으로 시가 총액 대비 연간 순이익 지표를 주로 활용한다.

"집을 살 때처럼 꼼꼼히 살펴서 주식을 사라.

잘 알고 있으며, 거래되지 않아도 가지고 있는 것 자체만으로

만족할 수 있는 주식을 사라."

— 워런 버핏

일반적으로 한 종목의 주식을 사는 것은 뮤추얼 펀드나 인덱스 펀드에 투자하는 것보다 더 위험하다. 뮤추얼 펀드나 인덱스 펀드는 다양한 주식을 매수해서 위험을 낮추기 때문이다. 뮤추얼 펀드는 유가 증권 투자를 목적으로 설립된 운용 회사로, 운용사는 주식과 채권 같은 다양한 종류의 유가 증권을 전문적으로 관리한다. 전문적으로 운용되기 때문에 관리 비용은 더 많이 들 수 있지만, 성과가 세세하게 모니터링되고 분산 투자가 가능하다는 등의 장점이 있다. 인덱스 펀드는 주가 지수에 연동하기 위해 주식과 채권으로 포트폴리오를 구성한다. 그래서 대형 미국 주식, 소형 미국 주식, 국제 주식, 채권으로 포트폴리오를 구성하거나 특정 산업, 국가나 특정 투자 방식(가치주 선호 인덱스) 등을 추종

한다. 가장 인기 있는 인덱스 펀드는 뱅가드 500 인덱스 펀드Vanguard 500 Index Fund로 S&P 500◆을 추종한다. 인덱스 펀드는 패시브 자금◆◆으로 운용되기 때문에 보통은 뮤추얼 펀드보다 운용 비용이 적게 든다. 또한 오랜 시간에 걸쳐 좋은 수익률을 보였지만, 일반적으로 시장의 성과를 초과 달성할 수 없다는 단점이 있다.

주식과 뮤추얼 펀드의 중간 성격을 지닌 상장지수 펀드 ETF는 주식처럼 거래소에서 거래할 수 있지만, 자산 묶음을 매수하기 때문에 뮤추얼 펀드와 유사하게 분산 투자의 특성을 갖는다. 뮤추얼 펀드는 주식이나 ETF와 달리 거래일이 끝나는 시점에 가격이 책정된다. ETF는 일반적으로 뮤추얼 펀드보다 수수료가 낮은데, 이는 일반적으로 패시브하게 운영되고, 뮤추얼 펀드처럼 투자 기간에 세금이 부과되는 것이 아니라 매도할 때 부과되기 때문이다. 하지만 위험 수준은 사례마다 다를 수 있다.

◆ 국제 신용 평가 기관인 미국의 S&P(Standard and Poors)가 뉴욕 증권 거래소에 상장된 기업 가운데 500개 우량 기업을 선정하여 작성한 주가 지수이다.
◆◆ 시장의 흐름에 맡기는 펀드에 투자하는 자금으로, 종목이나 테마를 선정하여 투자하는 게 아니라 지수의 흐름에 투자하는 펀드에 들어가는 돈을 말한다.

CD 및 채권은 위험이 상대적으로 적은 편이지만, 수익률은 시장 투자 수익률과 일치하지 않는다. CD는 일정 기간 건드리지 않기로 동의한 잔액에 대해 복리 이자를 받을 수 있는 저축 메커니즘이다. 단기 및 장기 CD가 있으며, 어느 쪽이든 기존에 있는 고수익 저축 계좌의 이자율보다 CD의 이자율이 큰 경우가 많다. 앞서 7장에서 언급했듯이 CD를 활용한 효과적인 투자 전략을 사다리 전략이라고 하며, 이를 통해 변동 금리의 위험을 낮출 수 있다. 사다리 전략은 투자자가 총 투자 금액을 똑같이 나눠서 각각의 투자금을 기존보다 1년 늦게 만기가 되는 CD에 투자하는 것이다. 예를 들어, 초기 투자 금액이 2만 달러라면 1년, 2년, 3년, 4년 만기인 CD에 각각 5천 달러씩 투자한다. CD 하나가 만기가 되면 그 CD보다 1년 늦게 만기가 돌아오는 CD에 벌어들인 원금과 이자를 재투자하는 것을 목표로 한다.

채권은 투자자가 정부나 기업 같은 곳에 돈을 빌려주는 것이다. 채권을 가지고 있으면, 차용인의 채무를 갖게 된다. 채권은 대출 원금과 이자를 상환해야 하는 날이 정해져 있으며, 약정에 따라 고정되거나 변동될 수 있다. 채권도 시장에서 거래되면 유가 증권이 될 수 있어서 뮤추얼 펀드, 인덱스 펀드, ETF 등을 운용하는 자산 회사에서도 종종 채권을 거래한다. 다만, 대출받은 기관이 채무를 불이행할 가능성이 있다. 그런 경우에는 원금을 돌려받지 못할 수도 있다. 채권 가격은 금리에 따라 변동하고, 주식보다는 수익률이 낮은 경향이 있다.

많은 사람이 통화의 물성을 높이 평가하기 때문에 통화에 투자하는 것을 좋아한다. 최근에 암호 화폐라고도 불리는 디지털 화폐로 인해 이러한 논리가 다소 약화되긴 했지만 말이다. 사실 통화의 가치는 사람들이 흔히 생각하는 것만큼 안정적이지 않다. 통화는 다른 사람이 돈을 지불할 의사가 있는 만큼만 가치가 있고, 이는 경제 상황에 따라 크게 달라질 수 있기 때문이다. 또한 통화는 주식과 달리 배당금을 받을 수 없으며, 저축 상품처럼 이자 수익을 얻을 수도 없다. 즉 통화의 가치는 무언가를 생산할 수 있는 잠재력(주식은 기업의 미래 성장과 혁신에 의존한다)에 있지 않고, 전적으로 통화 그 자체에 있다.

"투자가 복잡할수록 수익을 낼 가능성은 더 낮아진다."

―J. L. 콜린스 J. L. Collins

초기 투자금이 많은 사람에게 인기 있는 투자 수단은 부동산이다. 시장 투자와 비교했을 때 상대적으로 단기간에 더 높은 수익을 낼 수 있기 때문이다. 부동산 투자는 땅이나 물적 자산으로 이익을 내기 위해 구매, 유지, 판매, 임대하는 것이다. 주택 시장의 붕괴 시기를 제외하면, 부동산 가치는 장기적으로 상승하는 경향이 있다. 따라서 부동산을 충분히 오래 보유하면 잠재 수익은 더 높아진다. 여기에 임대 부동산을 추가하면 세입자로부터 정기적인 임대료를 받을 수 있고, 그 돈으로 부동산을 추가 매입해서 수익을 더 높일 수 있다.

시장에 대해 공부해야 한다. 다른 사람들이 하는 말을 듣고 책을 읽을 수도 있겠지만, 직접 수집한 모든 정보를 토대로, 염두에 둔 투자 목표를 고려해서 감당할 수 있는 위험을 결정하는 사람은 바로 당신이어야 한다.

다음 표는 투자 유형별로 간략하게 정리한 내용이다.

투자 유형	정의	장점	단점
주식 (단일 종목)	개별 기업으로부터 구매한 주식의 일부	• 단기간에 수익 창출이 가능함. • 대부분 자유로운 거래가 가능하며, 직접 매수 시 수수료를 절감할 수 있음. • 투자 상품이 명확함. • 투자자가 매도 시기를 결정할 수 있어서 손익, 세금에 대한 통제가 가능함.	• 수익을 보장할 수 없음. • '잘나가는' 종목 선정이 어려워서 손실 위험이 있음. • 포트폴리오 관리에 많은 시간이 소요됨. • 심리 상태에 의해 거래가 좌우될 수 있음.
뮤추얼 펀드	운용사가 적극적으로 관리하는 자산 모음(주식 및 채권)	• 장기간에 걸쳐 높은 수익을 올릴 가능성 있음. • 투자 전문가가 적극적으로 운용함.	• 수익을 보장할 수 없음. • 인덱스 펀드 및 ETF 보다 수수료가 높음. • 수익과 손실의 결정이 펀드에 의해 이루어짐.
인덱스 펀드	해당 지수나 섹터의 성과를 추종하며, 수동적으로 관리되는 자산 목록(주식 및 채권)	• 장기간에 걸쳐 높은 수익을 올릴 가능성 있음. • 뮤추얼 펀드보다 수수료가 낮음.	• 수익을 보장할 수 없음. • 일반적으로 시장의 성과를 초과할 수 없음. • 수익과 손실의 결정이 펀드에 의해 이루어짐.
상장지수 펀드 (ETF)	주식처럼 거래할 수 있으며, 수동적으로 관리되는 자산 묶음(주식 및 채권)	• 장기간에 걸쳐 높은 수익을 올릴 가능성 있음. • 뮤추얼 펀드 및 인덱스 펀드보다 거래가 쉬움. • 뮤추얼 펀드보다는 수수료가 낮음.	• 수익을 보장할 수 없음. • 뮤추얼 펀드 및 인덱스 펀드보다 잠재적인 리스크가 큰 편임. • 펀드가 수익과 손실을 결정함. • 수익과 손실의 결정이 펀드에 의해 이루어짐. • 중개 수수료가 높을 수 있음.

(뒤에 계속)

투자 유형	정의	장점	단점
머니마켓 펀드 (MMF)	현금, 현금성 자산, 만기가 짧은 채무 증권 등 단기 금융 상품에 집중적으로 투자하는 상품으로 뮤추얼 펀드의 한 종류	• 유동성이 높음. • 위험성이 상대적으로 적음.	• 주식, 인덱스 펀드, 뮤추얼 펀드보다 수익률이 낮을 수 있음.
양도성 예금증서 (CD)	발행 은행이 이자를 지급하는 대가로 일정 기간 일정 금액을 보유하는 저축 상품	• 위험성이 낮음(최대 25만 달러까지 연방 보험 가입). • 고정 수익률 • 복리 이자 • 단기 및 장기 옵션 (수입을 극대화하기 위해 사다리 전략 활용 가능)	• CD 기간 만료 전 자금 인출 시, 조기 인출 위약금이 부과됨. • 반드시 인플레이션을 이기는 것은 아님. • 시장 투자보다 수익률이 낮음.
채권	투자자가 차입자(정부 또는 기업)에게 빌려주는 대출	• 주식과 비교하여 변동성이 상대적으로 덜함. • 일반적으로 이율이 높은 저축 계좌보다 높은 이자를 받음.	• 금리가 오르면 채권 가격이 하락하는데, 이는 장기 채권에 영향을 미침. • 차입 주체의 채무 불이행 가능성이 있음. • 시장 투자보다 수익률이 낮을 수 있음.
통화	화폐나 가상 화폐 구매	• 유동성이 높음.	• 경제가 불안정한 시기에 리스크가 높아질 수 있음. • 이자와 배당금이 없음.
부동산	부동산(물리적 자산 및 토지)을 구매, 유지 관리, 임대, 판매하는 것	• 임대용 부동산의 경우 정기적인 소득이 발생함. • 주택, 토지 가치 상승에 따른 시세차익 • 분산 투자	• 빚을 내서 부동산 매입 시 위험성이 증가할 수 있음. • 유지 보수 및 일반 유지 비용을 고려해야 함.

부를 이끄는 생각의 그릇

투자를 분산하라

장기적으로 돈을 버는 가장 안전하고 확실한 방법은 자산 포트폴리오를 다각화하는 것이다. 워런 버핏은 "한 바구니에 모든 달걀을 담지 마라"라고 조언했다. 뮤추얼 펀드, 인덱스 펀드, ETF에 투자하지 않고, 당신이 가진 돈 전부를 주식한 종목에 투자하거나 채권 등 하나의 수단에만 투자한다면, 당신의 성공 여부는 그 투자의 성과에 따라 좌우된다. 다양한 자산군에 투자하는 균형 잡힌 접근 방식을 활용하면 일부 자산의 가치가 하락하더라도 다른 자산의 가치는 상승할 수 있으므로 전반적인 위험을 낮출 수 있다.

"일곱에게나 여덟에게 나눠 줄지어다.

무슨 재앙이 땅에 임할는지 네가 알지 못함이니라."

—전도서 11장 2절

솔로몬 왕이 쓴 위 글은 역사상 최고의 투자 조언일 것이다. 실제로 솔로몬 왕은 엄청난 부자였다. 스바 여왕은 솔로몬의 손이 닿는 모든 게 형통하다고 말할 정도였다. 솔로몬 왕의 조언은 정말 중요하다. 돈을 나누어 투자하는 것이 위험을 제거하지는 않지만 위험을 줄여주기 때문이다.

한편, "모든 달걀을 한 바구니에 담고, 그 바구니를 지켜보라"라고 말한 마크 트웨인이 있다. 트웨인은 많은 돈을 벌었지만, 새로운 인쇄기에 투자하면서 30만 달러를 잃었다. 그 투자금에는 아내가 유산으로 물려받은 돈까지 포함되어 있었다. 트웨인은 파산 신청을 하기 전에 자신이 쓴 책의 저작권을 아내에게 양도했다. 강의 수입과 친구로부터 얻은 재정적인 조언을 통해 재산을 상당 부분 회복하긴 했으나 그가 겪었던 어려움은 분산 투자의 중요성을 잘 설명해 준다.

균형 잡힌 포트폴리오를 구성하기 위해 금융 전문가들이 권장하는 다섯 가지 자산 종류는 다음과 같다.

1. 주식 투자 시 다양한 규모의 회사, 즉 시가 총액을 기준으로 소형주, 중형주, 대형주에 분산 투자

2. 채권, CD, MMF 등의 고정 수익 증권

3. 선진국 및 신흥국 시장의 주식

4. 국제 채권 등 대외 고정 수익 증권

5. 대안 투자(부동산, 통화, 수집품 등)

이 다섯 가지 자산에 골고루 투자를 분산하여 강력한 포트폴리오를 구축하라.

투자로 얻은 이익을 재투자하라

투자로 부를 쌓는 능력을 십분 활용하기 위해서는 투자로 번 돈을 소비하지 않고 재투자해야 한다. 『바빌론 부자들의 돈 버는 지혜』에서 아카드는 그의 멘토인 알가미쉬로부터 이 중요한 원칙을 배웠다. 아카드가 투자를 시작하고 얼마 지났을 때, 알가미쉬가 찾아와서 투자로 얻은 이익으로 무엇을 했는지 물었다. 그러자 아카드는 맛있는 음식과 좋은 옷을 사는 데 사용했다고 대답했다. 그 말을 들은 알가미쉬는 이렇게 말했다. "자네가 번 돈을 모조리 먹어치우고 있는 건가? 그렇다면 어떻게 그 돈이 자네를 위해 일할 수 있겠는가? 그리고 그 돈이 어떻게 다시 자네를 위해 일할 재투자금을 낳을 수 있겠는가?" 여기에 담겨 있는 교훈은 분명하다. 당신이 버는 이자, 자본 이득, 배당금을 모두 써버리면, 투자를 늘릴 수 있는 능력이 제한된다는 것이다.

돈을 빌려주거나 맡기는 형태의 투자는 복리를 활용해 돈을 더 빠른 속도로 늘릴 수 있다. 이런 유형의 투자를 하면 원금이나 예금액에 대한 이자뿐 아니라, 기존에 얻은 수익에 대해서도 이자를 받을 수 있다. 대부, 고수익 저축 예금, CD는 복리로 부를 창출하는 투자 수단이다. 이런 투자 방식을 선택할 때는 고정 금리, 복리로 인해 1년 내 벌 수 있는 금액을 나타내는 연간 수익률APY: Annual Percentage Yield, 복리 빈도 또는 이자가 원금에 가산되는 주기(매년, 분기별, 월별 등)를 파악하는 게 중요하다.

주식 시장에서 시세 차익이나 배당금을 재투자해 더 많은 주식을 매수할 때에도 유사한 원칙이 적용된다. 시장에서 얻은 수익을 원래 투자했던 곳에 추가로 투자하면 투자 가치가 증가하고, 복리 이자와 유사한 방식으로 시간이 지날수록 수익이 더욱 증가한다. 시장 수익률은 다양하게 나타나겠지만, 오랜 기간에 걸쳐 살펴봤을 때 다각화된 성장 포트폴리오는 연간 약 6~7%의 수익률을 나타냈다. 지난 100년간 주식 시

부를 이끄는 생각의 그릇

장의 평균 수익률은 10% 정도였지만, 인플레이션으로 인해 매년 발생하는 2~3%의 구매력 손실을 고려해야 한다. 평균 수익률 정도의 혜택을 얻고자 한다면 주식을 장기간 보유해야 한다.

시장에 계속 머물러라

어디에 투자하든 일정 기간에 걸쳐 서서히 자산을 구매하면 위험을 최소화할 수 있다. 주식 시장의 변동성 때문에 투자를 중단해서 주식 투자가 가져다줄 수익을 놓쳐서는 안 된다. 1929년에 시작되어 사실상 10년 동안 지속된 대공황 이후에도 미국에선 적어도 열 번 정도의 경기 침체가 있었고 매번 경제는 회복되었다. 투자에는 항상 위험이 따르지만, 어디에도 투자하지 않으면서 구매력이 그대로 유지되기를 바라는 게 더 위험하다. 인플레이션은 항상 구매력에 영향을 미친다. 투자하지 않고서는 인플레이션을 이길 방법이 없다는 사실을 오랜 투자의 역사가 보여준다.

1929년 시장에 있었던 사람들이 겪었던 위험과 오늘날 당신이 겪는 위험이 완전히 다른 이유는 몇 가지가 있다. 첫째, 그 당시 정부는 시장에서 돈을 빼내어 나쁜 상황을 더 악화시켰다. 정부는 그 경험을 통해 교훈을 얻었다. 그래서 오늘날 경제가 눈에 띄게 둔화하면 정부가 개입해서 시장에 자금을 투입하고, 금리를 낮춰서 경제가 잘 돌아가게 박차를 가한다. 대공황 시절, 은행의 예금 상품들은 보험에 가입되어 있지 않았고, 여기에서 '뱅크런Bank Run◆'이라는 말이 유래했다. 은행이 곤경에 처했다는 소문에 고객들은 모두 한꺼번에 돈을 찾고 싶어 했다. 많은 고객이 동시에 돈을 빼간 후 은행에 돈이 남아 있지 않으면 예금했던 돈을 찾을 수 없었다.

알다시피, 은행들은 고객이 예치하는 돈을 그대로 가지고 있지 않다. 작은 은행이 1억 달러의 예금을 가지고 있다면, 9천만 달러는 대출과 투자를 위해 사용할 것이다. 은행은 주로 이와 같은 방법으로 돈을 번다. 대출 이자나 투자 수익은 고객의 예금에 대해 지급하는 금액을 초과해야 한다. 그 차액을 '스프레드spread'라고 하는데, 이것으로 운영비와 주주들의

◆ 돈을 찾으러 은행으로 달려간다는 뜻으로, 은행의 재정 건전성에 문제가 있다고 생각한 고객들이 저축한 돈을 인출하고 그로 인해 은행에서 돈이 바닥나는 현상을 말한다.

배당금을 지급할 수 있다. 하지만 2천만 달러라도 한꺼번에 인출된다면, 스프레드가 충분하지 않기 때문에 큰 문제를 일으킬 수 있다. 평상시에는 일부 예금자가 돈을 찾아가더라도 다른 고객들이 예금하기 때문에 총 예금 금액에는 큰 변동이 생기지 않는다. 하지만 대공황 기간에는 모든 사람이 돈을 인출하고 아무도 돈을 저축하지 않았다. 요즘에는 보험에 가입한 은행의 경우, 계좌당 최대 25만 달러까지 예금한 돈을 연방 정부에서 보장해 주기 때문에♦♦ 경기 침체기에도 크게 당황할 필요가 없다.

물론 주식, ETF, 뮤추얼 펀드, 인덱스 펀드, 무담보 채권에 투자하는 것은 정부가 보장해 주지 않는다. 그래서 그런 투자를 하다가 손해를 볼 수도 있지만, 장기적으로 분산 투자를 한다면, 결국 손실보다 이익이 크다는 것을 시장의 역사가 보여준다. 이 장의 앞부분에서 이미 말했듯이 노련한 투자자가 아니라면, 단일 종목보다는 뮤추얼 펀드와 인덱스 펀드에 투자하여 위험을 최소화하는 것이 좋다.

♦♦ 우리나라의 경우, 예금자보호법에 따라 금융 기관이 파산 등으로 예금을 지급할 수 없게 되면 예금자는 한 금융 회사에서 원금과 이자를 포함해서 1인당 5천만 원까지 보장받을 수 있다. 다만, 양도성 예금증서나 환매조건부채권 등은 보호 대상이 아니다.

살다 보면 언젠가는 경기 침체기를 분명히 겪게 된다. 침체기가 왔을 때 혼란에 빠져서 시장에 있는 당신의 돈을 모두 빼내는 우를 범해서는 안 된다. 저점을 견뎌내고 고점에서 지나치게 흥분하지 않는 법을 배우는 것도 투자의 일부다. 여러 가지 면에서 가장 좋은 투자 방법은 주식 시장이 어떻든 관계없이 일정한 간격으로 같은 금액을 꾸준히 투자하는 것이다.

이를 '정액 적립식 투자Dollar cost averaging(이후 DCA)' 전략이라고 한다. 이 전략은 뮤추얼 펀드나 주식과 같은 장기 투자에 더 적합하다. 은퇴 이후의 삶을 대비하기 위해 투자 목적으로 급여에서 자동으로 공제되는 돈이 있는 경우에는 월급날마다 동일한 금액이 인출되므로 DCA의 한 형태라고 볼 수 있다. 다른 시장 투자 방법과 함께 날짜를 '설정해 놓고 잊어버려도' 괜찮다. 자동 매수 설정을 하거나, 시장 상황과 관계없이 매월 혹은 분기마다 일정 금액을 계속 투자하기로 약정하는 것이다. 목돈을 한 번에 다 투자하기보다 장기간에 걸쳐 분산 투자를 하면, 고점에서 주식을 매수한 뒤 주가가 하락하는 것을 고통스럽게 지켜보는 위험을 피할 수 있다. 물론 주가는 결국 다시 오를 가능성이 높지만, 당신이 위험

부를 이끄는 생각의 그릇

에 대한 내성이 낮다면 주가가 떨어지는 상황을 겪을 때 엄청난 불안을 느낄 것이다.

─────◆────◆─────

"주식 시장은 적극적인 자에게서 참을성이 많은 자에게로
돈이 넘어가도록 설계되어 있다."
─워런 버핏

─────◆────◆─────

시장의 밀물과 썰물이 만들어 내는 드라마를 무시하고, 오랜 시간 게임에 남아 있는 사람들은 성공의 혜택을 누릴 수 있다. 아울러 주식을 매수하기 위해 최저가로 떨어질 때까지 기다리는 것은 그다지 효과적이지 않다. '밸류 에버리징Value Averaging(VA)'이라고 불리는 이 전략은, 주가가 하락할 때 더 많이 투자하고 주가가 높을 때는 덜 투자하는 것을 포함한다. 하지만 계속해서 매수 시점을 기다리는 게임을 하게 되면, 지속적인 주가 상승으로 인해 얻을 수 있었던 수익을 놓칠 수 있으므로 논란의 여지가 있다. 시장을 예측하는 것은 불가능하다. 심지어 매우 성공적인 투자자들조차 100% 정확

하게 예측할 수 없다. 따라서 더 좋은 장기 투자 전략은 일정한 간격을 두고 정기적으로 돈을 투자하는 것이다.

또한 돈을 더 빨리 사용하고 싶어서 투자를 청산하려는 유혹에 빠지지 마라. 내가 지역 은행에서 일할 당시에 예금 금리는 약 8%였다. 하지만 나는 많은 고객이 단지 돈을 다른 데 사용하고 싶다는 이유로 CD에서 돈을 빨리 찾느라 6개월치 이자를 위약금으로 내는 모습을 자주 보았다. 투자가 무르익도록 놔두지 않으면, 당신을 위해 부를 창출하며 일하는 돈의 능력을 방해하게 된다. 투자한 돈이 적을수록 수익률과 장기 성장 가능성도 줄어든다. 마지막으로, 자주 매수하고 매도하면 거래 수수료와 세금으로 인해 손해를 보게 된다.

투자하지 않고 백만장자가 되기란 거의 불가능하다. 만약 투자를 하는 대신 돈을 전부 저축하기만 하면서 위험하지 않다고 생각한다면, 당신은 미래의 수익을 놓칠 가능성을 감수하는 셈이다. 그것이야말로 가장 큰 위험이다. 그러니 스스로 공부하고, 당신의 중점 목표를 달성하는 데 도움이 되는 투자 전략을 세워라.

- 가진 돈을 전부 저축만 하는 것은 투자하는 것보다 위험하다. 시간이 흐를수록 인플레이션 때문에 저축한 돈의 구매력이 감소하기 때문이다.

- 다음과 같은 일반적인 투자 철학을 통해 재정 건전성을 보장할 수 있다.
  — 당신이 투자를 하려는 이유를 파악하라.
  — 의견이 아닌 지혜로운 조언을 수용하라.
  — 잘 아는 것에만 투자하라.
  — 투자를 분산하라.
  — 투자로 얻은 이익을 재투자하라.
  — 시장에 계속 머물러라.

- 투자는 빨리 부자가 되기 위한 단기적인 수단이 아니다. 투자는 시간이 지날수록 더 많은 수익을 창출하고 그 가치가 증가하는 것이기 때문이다.

- 투자 자문가, 선한 의도를 가진 친구나 동료들이 좋은 투자에 대한 의견을 제시할 것이다. 최선의 투자 방침을 결정하기 위해서는 당신이 얻은 다양한 재정 조언과 스스로 공부해서 얻은 결과를 철저하게 따져봐야 한다.

- 투자 전략이 너무 복잡해서 세부 사항을 파악할 수 없다면, 당신에게 좋은 투자가 아니다.

- 투자처를 고려할 때, 이미 친숙한 제품과 회사를 생각해 보되, 철저히 조사해서 소비자 관점을 보완하라.

- 인기 있는 시장 투자로는 주식, 뮤추얼 펀드, 인덱스 펀드, ETF 등이 있다. 주식 단일 종목을 매수하는 것은 다양한 주식과 채권을 보유하는 뮤추얼 펀드, 인덱스 펀드, ETF보다 조금 더 위험한 경향이 있다.

- 위험성이 낮지만, 수익률도 낮은 투자로는 CD, 채권, MMF가 있다. CD는 일정 기간 동안 은행에 돈을 맡기는 대신 복리 이자를 받을 수 있는 저축 메커니즘이다. 채권은 투자자가 정부나 기업 같은 차입 기관에 대출해 주는 것으로, 채권이 만기가 되면 투자자는 대출 원금과 이자를 받는다. MMF는 단기간에 만기가 돌아오는 비교적 안전한 자산에 투자함으로써 전통적인 뮤추얼 펀드의 위험을 일부 완화할 수 있다.

- 통화는 위험 부담이 큰 투자이므로 투자 포트폴리오에 아주 적은 비중으로 넣어야 한다. 통화의 가치는 경제 상황에 따라 크게 달라지며, 배당금이나 이자를 받을 수 없기 때문이다.

- 또 다른 인기 있는 투자 수단으로는 부동산이 있다. 부동산 투자는 시장 투자보다 짧은 기간에 더 높은 수익을 창출할 수 있다. 다만 레버리지를 쓰지 않고 투자하려면 초기 투자금이 많이 필요하다.

부를 이끄는 생각의 그릇

- 한 바구니에 모든 달걀을 담지 마라. 자산 포트폴리오를 다양하게 가져가는 것은 장기적으로 부를 창출하는 가장 안전하고 확실한 방법이다. 아래 투자 상품을 적절하게 섞어서 투자 포트폴리오를 구성하라.
  - 주식 투자 시 다양한 규모의 회사, 즉 시가 총액을 기준으로 소형주, 중형주, 대형주에 분산 투자
  - 채권, CD, MMF 등의 고정 수입 증권
  - 선진국 및 신흥국 시장의 주식
  - 국제 채권 등 대외 고정 수익 증권
  - 대안 투자(부동산, 통화, 수집품 등)

- 투자로 돈을 벌 가능성을 최대한 활용하려면 이자, 시세 차익, 배당금 등 투자에서 얻은 수익을 써버리지 말고 재투자해야 한다.

- 시장 변동성이 커서 투자를 하지 않는다거나 자금이 충분히 불어날 기회가 오기 전에 투자금을 빼지 마라. 시장에 오래 머물러야만 시간에 따른 시장의 성장으로 이익을 얻을 수 있다.

- 가장 좋은 투자법 중 하나는 DCA인데, 주식 시장이 좋든 나쁘든 관계없이 일정한 금액을 일정한 간격으로 계속 투자하는 것이다. 장기간에 걸쳐 분산 투자를 하면, 고점에서 주식을 매수한 뒤 주가가 하락하는 것을 고통스럽게 지켜보는 위험을 피할 수 있다.

◇ 당신이 투자를 하는 '이유'는 무엇인가? 이 목표는 일관성 있게, 투자
   를 오래 지속할 수 있을 만한 동기를 부여하는가? (주택 보증금, 자녀 학
   자금을 마련하기 위해 저축을 하거나 은퇴 이후를 대비하기 위해 돈을 버는
   것과 같은 비교적 장기적인 목표여야 한다.)

_____

_____

_____

_____

_____

_____

◇ 은퇴에 필요한 돈을 계산해 보라. 목표는, 돈을 충분히 저축해서 원금에 손대지 않고 이자만으로 생활할 수 있도록 하는 것이다. 이는 은퇴한 이후 매년 투자금의 약 4%를 찾아 쓰는 것을 말한다. 피델리티Fidelity는 은퇴하기 전에 최종 연봉의 80%에 해당하는 연간 퇴직 소득을 미리 계획하라고 말한다. 저축한 돈에서 매년 4%를 찾은 금액이 연봉의 80%가 되려면 얼마나 저축해야 할까? 은퇴 후 예상되는 연간 생활비를 0.04로 나누면 그 값을 구할 수 있다. 예를 들어, 은퇴 전 연봉이 8만 달러라면 매년 6만 4천 달러를 사용할 수 있도록 목표를 세워야 한다. 매년 6만 4천 달러를 사용하려면, 은퇴 이후를 위해 미리 160만 달러를 저축해 놓아야 한다. 해당 계산법은 다음과 같다. 이를 참고하여 당신도 계산해 보라.

$$(80{,}000달러 \times 0.8) \div 0.04 = 1{,}600{,}000달러$$

_____

_____

_____

_____

_____

_____

◇ 필요한 초기 투자 금액, 관리 수수료, 연간 예상 수익, 시간 경과에 따른 성과 등의 세부 사항을 기록하면서 다양한 투자 수단을 조사하라. 조사 결과를 바탕으로 올해 적어도 하나의 자산에 투자할 계획을 세워보자(일단 비상금부터 다 모은 후, 투자를 시작하기로 한다).

_____

_____

_____

_____

_____

◇ 다각화된 투자 포트폴리오를 만들어 보자. 반드시 투자 전문가의 도움을 받을 필요는 없다. 당신의 포트폴리오에는 어떤 자산 유형이 포함되어 있는가?

_____

_____

_____

_____

_____

9

봉사

�֍

부를 쌓는 황금 열쇠

◆◆◆

사람은 빵만으로 살 수 없다.

돈을 버는 것과 물질적인 힘을 쌓는 것만이

인생의 전부가 아니다.

삶은 그 이상이며, 이 진리를 놓치는 사람은

삶에서 얻을 수 있는 가장 큰 기쁨과 만족,

즉 다른 사람에게 베푸는 즐거움을 놓치게 된다.

— 에드워드 보크Edward Bok, 〈에드워드 보크의 이민기〉

◆◆◆

인생은 배우고, 돈을 벌며, 가진 것을 다른 사람들과 나누는 세 단계를 거친다. 세 번째인 '나누는' 단계는 인생에서 최선을 다해야 하는 단계로, 당신의 유산을 굳건히 하는 단계이다. 그렇다고 해서 재정적인 목표를 모두 달성할 때까지 기다려야만 하는 것은 아니다. 봉사는 성공을 향한 여정의 모든 단계를 통틀어 백만장자가 되기 위한 종합 계획의 핵심 요소여야 한다.

『정상에서 만납시다』에서 지그 지글러는 성공에서 '의미 있는 단계'로 나아가는 비결은, 다른 사람들이 더 나은 삶을 살도록 돕겠다는 목표를 이루기 위해 자신이 가진 재능과 잠재력을 극대화하는 거라고 가르친다. 또 지글러는 "의미 있는 삶은 영적인 측면을 포함하며, 영적인 측면에는 다른 사람에 대한 꾸준한 관심과 보살핌이 포함된다"라고 말한다.

현대인들은 매우 자기중심적인 경향이 있다. 때로는 다른 사람을 희생시키면서까지 어떻게 하면 출세할 수 있는지에 더 많은 관심을 둔다. 하지만 진정한 행복을 누리고 마음의 평화를 얻는 유일한 방법은, 당신이 대접받고 싶은 그대로 다른 사람을 대하는 황금률을 실천하는 것이다. 다른 사람들을 돕는 데서 기쁨과 삶의 목적을 찾는다면, 궁극적인 성공의 비전을 추구하면서도 그 결실을 온전히 즐길 수 있게 된다.

❖——◆——❖

"더 나은 세상을 만들기 위해 단 한 순간도
기다릴 필요가 없다는 것이 얼마나 멋진 일인가."

— 안네 프랑크Anne Frank

❖——◆——❖

명확한 중점 목표의 핵심

◆

가난을 계속 유지하는 가장 확실한 방법은 부자가 되는 것에만 집착하는 것이다. 부자가 되는 게 당신의 명확한 중점

부를 이끄는 생각의 그릇

목표의 핵심이 될 수는 있지만, 그 자체가 목적이 되어서는 안 된다. 엄청난 부를 이루고 성공한 사람들은 당장의 이익에만 집착하지 않으며, 자신이 창출하는 가치를 더 중요시한다. 짐 스토벌Jim Stovall은 나와 함께 집필한 『나눔의 선물』에서 이렇게 말했다. "잘 살펴보면 봉사하는 기회와 성공하는 기회는 같다. 크든 작든 간에 당신이 할 수 있는 모든 방법으로 자신을 나누는 데 중점을 둔다면 내면에 있는 진정한 부를 발견할 것이다. 충분한 힘, 헌신, 끈기를 가지고 당신의 재능을 공유한다면 물질적인 성공도 절대로 뒤처지지 않을 것이다."

"삶의 유일한 의미는 인류에 봉사하는 것이다."

―레프 톨스토이

내 삶의 목적은 교육을 통해 사람들의 상황이 더 나아지도록 돕는 것이다. 봉사를 지향하는 이런 태도는 내 삶을 풍요롭게 만들어 주었을 뿐만 아니라 직업적, 경제적 성취에도 도움이 되었다. 실제로 내가 금융권에서 거둔 성공 대부분은 서비스를 제공하는 관점에서 비롯되었다. 지역 은행의 은행장으로 재직할 당시 내 책무는 담보 대출을 연체한 고객들의 후속 조치를 하는 거였다. 이 직책을 맡은 사람들은 대부분 채무자들에게 대출을 갚지 않으면 집과 소유물을 빼앗겠다고 위협하는 강경한 방식을 취한다. 하지만 나는 다른 방식으로 접근했다. 은행에서 취할 수 있는 방식으로 최대한 문제를 해결하려고 애쓰는 동시에, 돈을 갚지 못한 사람들이 문제를 해결하도록 도와야 한다고 생각했기 때문이다. 은행 입장에서는 고객으로부터 대출금을 받아야 했고, 고객 입장에서는 압류라는 최악의 사태를 피해야 했다. 나는 양쪽을 모두 만족시킬 수 있는 방법을 찾고자 했다. 그 결과, 채무 불이행자들이 찾을 수 있는 가능한 모든 돈을 모아 담보 대출의 일부라도 갚는다면 은행과 고객을 동시에 만족시킬 수 있다는 사실을 알게 되었다. 아예 돈을 갚지 않는 것보다는 돈을 조금이라도 갚는 게 나았다. 왜냐하면 사람들은 집을 뺏기지 않을 수 있었고, 은행은 많은 돈을 잃는 것을 방지할 수 있기 때문이다.

결과적으로 나는 금융권에 종사하는 동안 단 한 채의 집도

압류한 적이 없다. 게다가 내가 그 일을 담당하기 전 은행에서 압류했던 35채의 집을 모두 팔았는데, 거의 원래의 주인에게 집을 다시 파는 식이었다. 나는 단순히 돈 많은 은행가가 되기보다는 다른 사람들에게 가치를 제공하는 데 집중함으로써 회사와 지역 사회가 번창하도록 이바지했다. 덕분에 내 삶도 풍요로워질 수 있었다.

나는, 사람들이 더 나은 삶을 살고, 재능을 지역 사회에 기부할 수 있도록 힐의 성공 법칙을 공유하는 나폴레온 힐 재단에서 이사이자 최고 경영자로 재직하며 이 전통을 이어왔다. 사람들에게 정보를 주고 행동하게 함으로써 삶을 변화시킬 수 있는 힘을 실어주는 게 우리 재단의 목적이다. 우리가 제공하는 많은 교육 상품, 장학금, 봉사 활동 프로그램, 저작권 사용 기회를 통해 와이즈 지역과 미국, 나아가 전 세계에 있는 사람들이 스스로 유산을 굳건하게 이루어 갈 수 있도록 돕는다. 성공하기 위해서 반드시 특권을 가지고 태어날 필요는 없다. 타오르는 열망을 이루기 위해서는 그저 생각하는 힘을 활용해서 목적이 있는 행동으로 연결하고, 당신과 비슷한 생각을 하는 사람들로부터 지원을 받으면 된다. 조력 집단의 협력을 이끌어 내는 것은 중요하다. 다른 사람의 삶을 윤택하게 만드는 데 집중하면 그 사람들의 협력을 더 쉽게 얻을 수 있을 것이다. 다른 사람에게 가치를 제공하면, 그들이 당신의 목표를 지지할 가능성은 더 커진다.

당신의 열망이 봉사 정신에 확고한 기반을 둘 수 있도록, 힐은 다음과 같은 신조를 제시한다. 이 신조를 다른 사람들과 교류하고 사업을 하기 위한 지침으로 채택하라.

◆——————◆

나폴레온 힐의 윤리 강령

나는 인생이라는 여정에서 동료들에게 도움을 주고 싶다. 이를 위해, 나는 동료들을 대할 때 따라야 할 지침으로 이 신조를 채택해 왔다.

비록 상대에게 동의하지 않거나, 상대방의 일이 아무리 하찮게 여겨지더라도, 그 사람이 진심으로 최선을 다하려고 노력하고 있다면, 어떤 상황에서도 상대의 흠을 찾지 않도록 나 자신을 단련할 것.

내 조국과 내가 하는 일, 나 자신을 존중할 것. 동료들이 내게 정직하고 공정하기를 기대하는 것처럼, 나도 정직하고 공정하게 상대방을 존중할 것. 조국의 충실한 일원이 될 것. 충실한 사람들을 칭찬하고, 명성에 걸맞은 훌륭한 청지기답게 행동할 것.

어디에 있든지 이름에 무게가 실리는 사람이 될 것.

내가 제공한 서비스라는 견고한 토대를 기반으로 보상을 기대할 것. 성실한 노력으로 성공의 대가를 기꺼이 치를 것. 내 일을 마지못해 견뎌야 하는 고통스럽고 고된 노동이 아니라, 기쁨에 사로잡혀 최대한 활용할 수 있는 기회로 바라볼 것.

성공은 내 안에, 다시 말해 내 머릿속에 있음을 기억할 것. 어려움을 예측하고 그 어려움을 잘 헤쳐나갈 것.

어떤 형태든 일을 미루지 말고, 어떤 상황에서도 오늘 해야 할 일을 내일로 미루지 말 것.

마지막으로, 인생의 즐거움을 꽉 붙잡기 위해, 사람들을 예의 바르게 대하고, 친구들에게 신실하며, 하나님 앞에서 진실하게 살 것.

풍요로운 사고방식의 비결은 너그러움이다

풍요로운 사고방식을 유지해야 재정적으로 번영할 수 있

다. 이러한 사고방식을 실현할 수 있는 가장 일관적인 방법은 바로 베푸는 것이다. 다른 사람의 삶의 가치를 높이는 데 기여하고 있다면 너그러워질 수밖에 없다. 그 가치가 꼭 금전적일 필요는 없다. 시간이나 재능 역시 다른 사람들과 나눌 수 있다. 존 D. 록펠러John D. Rockefeller 는 "베푸는 것은 건강한 삶을 사는 비결이다. 꼭 돈이 아니라 격려, 공감, 이해 등 무엇을 베풀든 말이다"라고 말했다. 물론 부를 다른 사람들과 나눌 수 있다는 것도 큰 축복이지만, 당신 자신을 다른 사람과 나누는 것은 더 큰 축복이다.

"다른 사람들이 성공하도록 도와줌으로써
당신이 가장 빨리 성공할 수 있다는 것은 말 그대로 사실이다."
—나폴레온 힐

너그러운 마음을 가지고 매사에 임하면, 두려움이 삶의 목표와 즐거움을 방해하는 일을 극복할 수 있다. 관대함은 우리가 다른 사람과 자신에게서 최고의 것을 찾을 수 있도록 영감

부를 이끄는 생각의 그릇

을 주며, 꿈을 실천하는 데 꼭 필요한 자신감과 타인에 대한 믿음을 갖게 해준다. 두려움과 믿음은 공존할 수 없다. 관대함의 부산물인 낙관주의는 믿음의 사고방식을 유지할 수 있게 하는 비결이다. 자기 자신을 베풀면, 긍정적인 감정을 풍부하게 만들어 가는 동시에, 삶의 모든 영역에서 성공할 수 있도록 도와주는 네트워크를 형성할 수 있다. 오로지 자신의 발전에만 몰두하면서 지속적인 성공을 거둔 사람은 드물다. 다른 사람을 희생시키면서까지 자신의 성공에만 몰두하는 사람 중에 성공을 이어가는 사람 역시 드물다.

또한 베푸는 행동은 실패를 극복하는 열쇠이다. 일시적으로 패배에 직면했을 때, 베풀 방법을 찾아야 한다고 생각하는 것은 직관에 어긋나는 것처럼 보일 수 있다. 하지만 실제로는 가치를 더하는 방법을 찾기에 가장 완벽한 시기다. 다른 사람들에게 도움을 줌으로써 당신은 패배에서 성공으로 옮겨갈 수 있다. 즉 인생의 부정적인 면에서, 이미 누리고 있는 많은 축복으로 초점을 옮기게 된다. 이런 사고방식은 실패를 가능성으로 바꿀 수 있게 하는 더 큰 기회를 당신의 삶속으로 끌어당긴다. 여기에 보상 증가의 법칙이 적용된다. 다른 사람에게 친절과 도움을 베풀면 비슷한 수준으로 당신에게 돌아오리라 생각하겠지만, 사실 그보다 더 많은 것이 되돌아온다. 그러니 봉사의 철학을 지켜서 당신의 미래에 투자하라. 그러면 물질적인 부도 얻게 되고, 그보다 훨씬 더 가치 있는 정신적, 감정적 보상도 얻게 될 것이다.

마지막으로, 봉사는 명확한 중점 목표를 추구할 수 있도록 자신에게 지속해서 동기를 부여하는 유일한 방법이다. 우리의 성품과 기질을 훈련함으로써 자기 주도성과 끈기를 기를 수 있다. 기꺼이 미소 짓고 마음껏 웃으며, 활기차고 의욕적으로 살아가자. 이것이 삶의 목표에 대한 열정을 유지하고, 정체되어 아무런 진전이 없는 것처럼 느껴질 때조차도 계속해서 일에 몰두할 수 있게 하는 비결이다. 그렇게 쾌활한 성격으로 살아가는 매 순간은 우리의 마음속에 깊이 파고들어 스스로 베풀 수 있는 또 다른 방법을 찾게 해준다. 그럼으로써 우리는 성공의 씨앗을 뿌리는 동시에 현재의 수확을 즐길 수 있다.

이 책을 통해 성공은 목표라기보다는 마음가짐이라는 점을 깨닫기 바란다. 성장과 봉사를 지향하는 당신에게 부자가 되는 것은 가치 있는 목표가 될 수 있다. 하지만 다른 무엇보다 가장 큰 성취는, 베풂을 통해 얻을 수 있는 마음의 평화이다.

부를 이끄는 생각의 그릇

- 봉사는 성공을 향한 여정의 모든 단계를 통틀어, 백만장자가 되기 위한 종합 계획의 핵심 요소여야 한다.

- 다른 사람들을 돕는 것에서 기쁨과 목적을 찾는다면, 성취라는 궁극적인 비전을 추구하면서도 당신의 인생 전반에 걸쳐 성공이라는 열매를 즐길 수 있다.

- 가난을 계속 유지하는 가장 확실한 방법은 부자가 되는 것에만 집착하는 것이다. 부자가 되는 게 당신의 명확한 중점 목표의 핵심이 될 수는 있지만, 그 자체가 목적이 되어서는 안 된다.

- 엄청난 부를 이루고 성공한 사람들은 당장의 이익에만 집착하지 않으며, 자신이 창출하는 가치를 더 중요시한다.

- 풍요로운 사고방식의 비결은 너그러움이다. 우리가 가진 시간, 돈, 재능을 다른 사람들과 나눔으로써 우리 삶에 기회를 끌어당기고, 목표 달성을 가로막는 두려움을 극복하며, 역경에 맞서 회복력을 키우는 낙천성을 기를 수 있다.

- 성공은 목표가 아니라 마음가짐이다.

◇ 당신의 명확한 중점 목표는 어떤 방식으로 봉사 정신에 뿌리를 두고
  있는가? 만약 뿌리를 두고 있지 않다면, 어떻게 그것을 재구성할 수
  있는지 생각해 보자.

_____

_____

_____

_____

_____

◇ 다른 사람이 더 나은 삶을 살 수 있도록 당신의 시간, 소중한 것, 재능
  을 어떻게 나눠줄 수 있는가?

_____

_____

_____

_____

_____

_____

◇ 바로 이번 주부터 실행할 수 있는, 보답을 기대하지 않으면서 누군가에게 봉사할 수 있는 활동에 대한 계획을 세워보자.

_____

_____

_____

_____

_____

◇ 이 책에서 얻은 가장 큰 깨달음은 무엇인가? 그 깨달음을 어떻게 받아들이고 행동으로 옮길 것인가?

_____

_____

_____

_____

_____

YOUR MILLIONAIRE
M I N D S E T

성공은 목표가 아니라
마음가짐이다.